张卉妍 / 编著

逻辑说服力

——如何有逻辑地说服人

图书在版编目（CIP）数据

　　逻辑说服力：如何有逻辑地说服人 / 张卉妍编著 . ——
长春 : 吉林出版集团股份有限公司，2019.3
　　ISBN 978-7-5581-6211-4

　　Ⅰ . ①逻… Ⅱ . ①张… Ⅲ . ①说服 – 语言艺术 – 通俗
读物 Ⅳ . ① H019-49

　　中国版本图书馆 CIP 数据核字（2019）第 051764 号

LUOJI SHUOFULI RUHE YOU LUOJI DE SHUOFU REN
逻辑说服力：如何有逻辑地说服人

编　　著：张卉妍
出版策划：孙　昶
责任编辑：于媛媛
装帧设计：韩立强
出　　版：吉林出版集团股份有限公司
　　　　　（长春市福祉大路 5788 号，邮政编码：130118）
发　　行：吉林出版集团译文图书经营有限公司
　　　　　（http://shop34896900.taobao.com）
电　　话：总编办 0431-81629909　营销部 0431-81629880 / 81629900
印　　刷：天津海德伟业印务有限公司
开　　本：880mm×1230mm　　1 /32
印　　张：6
字　　数：146 千字
版　　次：2019 年 3 月第 1 版
印　　次：2021 年 5 月第 3 次印刷
书　　号：ISBN 978-7-5581-6211-4
定　　价：32.00 元

印装错误请与承印厂联系　　电话：022-82638777

　　说服是沟通的一种方式，而沟通是双向互动的，更多的是一种价值观的交流，对方接不接受你的观点是由其主观意识决定的，而不是你精神上的强行灌输。

　　逻辑学是研究思维形式及其基本规律的科学。其研究目的在于找到思维形式的规律，总结出正确的逻辑思维方式，有助于人们运用语言准确地表达对客观事物的正确认识，达到说服的目的。

　　说服的关键不是说话的内容，而是说话的逻辑，逻辑决定了说服的成败，在这方面占得优势，就等于取得了胜利。说服不是口头上的较量，而是思维上的战争；成功的说服不是口头上的压制，而是心理上的接纳；说服的逻辑不是侃侃而谈，而是知道如何赢得他人的好感。人生在世，要取得成功就需要不断地说服别人。学会用逻辑说服他人，才能影响到他人的行为。增强自己的说服力，就能为自己赢得机遇、赢得信任。

　　当然，要想说服他人听从自己的意见或观点并不是一件易事，要想对方心悦诚服地接受你的意识灌输，则离不开说服的艺术和技巧。在一切技巧中，逻辑清晰，摸透对方心理实为重中之重。在说服对方的过程中，话不一定要多，但须正中对方"罩门"，满足需求，这样就可以解决问题，获得你想要的结果。

对于很多人而言，无论是朋友沟通、生活交流，还是公司管理、企业洽谈，具备有效的说服能力是幸福指数提升和事业发展的重要因素。但更多时候，人们在说服时惯用的方式是急着把自己脑子里的东西一股脑地倾倒给对方，没有科学地融合信息，沟通的双方都没有办法使对方信服。这也是为什么在现实生活中会有那么多的无效沟通。

与人沟通时，掌握了适宜的逻辑沟通方法，既可以提高工作效率还可以提高个人沟通水平，一举两得。本书从实用性的角度出发，通过具体的事例，再融入逻辑理论的相关知识，将说服术娓娓道来。希望用书之人在日常与他人交流的过程中能灵活运用书中所传授的方法，不断积累实战经验，形成自己的语言逻辑思维方式，将自己的真知灼见用众人能够理解的方式表达出来，成为实至名归的说服高手。

目录

CONTENTS

第一章

脑中有逻辑，说出的话才能得体有条理

说服他人靠的是逻辑力而非光靠口才

说服别人靠的是脑袋而非光靠口才，在劝人时不可直来直去、正面交锋，直白的语言只会招人反感和讨厌。

大多数人认为，说服别人肯定要靠好口才。其实光有好口才还不能完全达到目的，有个聪明的大脑才是说服的根本。假如空有好口才而不知用智慧来支配口才，把握说话的分寸，好口才也可能成为毁灭你前程的罪魁。所以，在与他人相处时，不要逞一时之快，说话不可直来直去，招人反感。

历史上有个楚襄王，他整日不务正业，不思进取，只顾个人享乐，不理朝政，而且听信奸臣和谗言，结果一而再，再而三地被秦国攻城略地，江山社稷岌岌可危。

尽管如此，软弱的楚襄王依然不打算奋起反抗，而是一味地妥协退让，满怀希望地期待秦国人会良心发现，适可而止。

楚襄王的这种做法，让很多关心国家安危的忠贞大臣们十分着急，大臣们纷纷进谏，但楚襄王一个也听不进去。有的大臣甚至屡次进谏都没能获得成功，反而遭到楚襄王的无理呵斥，说他们多言滋事，危言耸听。

这时，朝中有一位足智多谋的大臣，名叫庄辛。庄辛见楚襄王不顾国家的日渐衰亡，他看在眼里，急在心上，又见众人劝说无效，决定亲自去找楚襄王。

这天，庄辛看楚襄王正在花园赏花，就走了过来。楚襄王见庄辛来到自己身边，知道又是来劝谏的。楚襄王打定主意，无论庄辛说什么，自己都不听。所以等庄辛来到他身旁时，他只瞄了庄辛一眼，一言不发。

庄辛明白，自己若是直接劝解，肯定会与其他大臣一样无功而返，楚襄王是听不进去的，只有另辟蹊径，才能进谏成功。

这时，恰有一只蜻蜓飞来，庄辛马上找到话题说："大王，您看见那只蜻蜓了吗？"

楚襄王一听，感到有些意外，他不直接劝说却说蜻蜓，便说："看见了，有什么特别吗？"

庄辛继续说："瞧瞧，它活得多舒服呀！吃了蚊子，喝了露水，停在树枝上休息，自以为与世无争，世人不会对它怎样，但它哪里知道，树下正有个小孩拿了黏竿等着它呢！顷刻之间，它就会坠于地下，被蚂蚁所食。"

楚襄王听了，面露凄然之色。

庄辛又说："您看到那只黄雀了吧？它跳跃在树枝上，吃野果，喝溪水，自以为与世无争，世人不会对它怎样，但它哪里知道，树下正有个童子，拿着弹弓对准了它。顷刻之间，它就会坠下树来，落在童子手中。"

楚襄王听了，开始面存惧色。

庄辛又说："且不说这些小东西了，再说那鸿鹄吧！它展大翅，渡江海，过大沼，凌清风，追白云，自以为与世无争，乐得逍遥自在，世人不会对它怎样，但它哪里知道，下边正有个射手搭弓上箭，已瞄准了它。顷刻之间，它就要坠下地来，成了人间美味呢！"

楚襄王听了，惊起了一身鸡皮疙瘩。

庄辛又说："禽鸟的事不足论，再说一下蔡灵侯吧。蔡灵侯左手抱姬，右手挽妾，南游高陂，北游巫山，自以为与世无争，别人不会对他怎样，哪知子揽已奉了楚宣王的命令，前去征讨他而夺其地了。顷刻之间，蔡灵侯死无葬身之地。"

楚襄王听了，吓得手脚抖动起来。

庄辛又说："蔡灵侯的事远了，咱说眼前吧。大王您左有州侯，右有夏侯，群小包围，日夜欢娱，自以为与别人无争，会得到别人的容忍，哪知秦国的穰侯已得了秦王之令，正率重兵向我国进发呢！"

听了庄辛的这些陈述，楚襄王的脸色一点点变白，浑身发抖，他决心痛改前非，重振国威。庄辛的进谏忠心可嘉，楚襄王为此奖赏了他；庄辛又因劝君有方，被加封为阳陵君。自此，楚襄王励精图治，与秦人一争高下。

由此看来，在说服他人时，如果采取迂回的方法，既可以让他人明白自己的错误与过失，又能够使他欣然接受、乐于改正。庄辛要说的话和其他臣子一样，都是要劝楚襄王振作起来，但别人的话楚襄王听不进去，庄辛的话却让楚襄王吓得全身发抖。为什么呢？

只因为庄辛在说服中拐了一个弯儿，采用了迂回战术。他抓住了两个关键点，一是把国家的生死和楚襄王的生死利害关系连在一起；二是用画面和实例来吓楚襄王，让楚襄王听了这些话就想到具体画面。当他想到其他人如蔡灵侯的真实下场时，自然就会想到自己的下场。

说服他人靠的是头脑而不是口才，所以在劝人时不可直来直去、正面交锋，直白的语言很可能会招人反感，而采取迂回的战术，让他人自觉明白自己的过错，才能出奇制胜。

在生活中，随时可能遇到要说服别人的情况，如果不掌握技巧，仅凭好的口才难以达到理想效果，要想更好地达到说服的效果，就要靠脑袋来支配口才，具体从以下几点做起：

1. 从细节了解别人的意见和看法

要想说服别人，首先要清楚别人的意见，知道他们的想法，才能采取有效的语言进行说服。了解得越多，言语的说服力就越强。

想提高自己说服的效果，就要想办法接近对方，关心对方，注意他们的日常表现，研究分析对方的行为动机和心理活动。

2. 用内涵提升说服力

在与人争辩强调自己的观点时，要表现出风度，注意适可而止。即使你的观点很正确，也切忌把对方"赶尽杀绝"，让他在众人面前颜面扫地，给别人留足面子，自然就在别人的心里种下了感激和信服。

总而言之，说服他人不是强硬地把自己的观点塞进别人的脑袋里，也不是仅仅靠口吐莲花就能达到。而是要动用智慧，采用各种合理的方法和语言表达在人群里树立良好的声誉和信服力。

了解对方背景，掌控沟通进程

在交谈时，如果我们想要达到良好的沟通目的，就一定要了解对方的背景，只有这样才能把话题接下去，才能更好地掌控沟通进程。如果你不了解对方的背景，跟人沟通的时候就会碰到问题。

《孙子兵法》中说："知己知彼，百战不殆；不知彼而知己，一胜一负；不知彼，不知己，每战必殆。"意思是说，在军事行动中，既了解敌人，又了解自己，百战都不会失败；不了解敌人而只了解自己，胜败的可能性各半；既不了解敌人，又不了解自己，那只会每战必败。对于沟通亦是如此，了解自己要进行沟通的目标，同时还要了解沟通的客体，才可能进行有效的沟通。

在进行沟通时，了解对方背景是必需的。正如我们每个人在参加面试之前都要通过各种方式去了解公司的基本情况一样。如果你在面试的时候，一见面就说："老总您能不能跟我介绍一下，你们公司是干什么的？"毫无疑问，这样的人基本第一关就死掉了。

要想说服对方，就应该尽可能多地了解对方情况，就好像一场战役开始前，侦察对手的战场布置和战斗实力，获得的情报越多，越容易找到对方防线的漏洞和缺陷。

第二次世界大战期间，丘吉尔和罗斯福在大西洋上会晤，商讨两国在共同对付纳粹的战争中各自应担负的责任，以及欧洲和大西洋各岛屿的利益瓜分问题。会谈非常热情友好，但是涉及各自利益的敏感问题时，却出现了分歧。丘吉尔希望美国能更多援助英国，而罗斯福认为丘吉尔在某些问题上不够坦诚，有所保留。双方相持不下，会谈进展缓慢，两个人都试图说服对方让步，双方对彼此的性格都非常了解。丘吉尔性格倔强，但是很有气魄，不拘小节；罗斯福非常严谨，但是也有美国牛仔轻松自在和幽默的一面。

有一天晚上，丘吉尔正在房中准备洗澡，罗斯福忽然进来，看到丘吉尔一丝不挂，场面非常尴尬。睿智的丘吉尔乘势说："总统阁下，你看见了，英国对美国没有任何保留。"丘吉尔的幽默感使罗斯福会心一笑，在接下来的会谈中，罗斯福终于做了让步，同意丘吉尔提出的一系列要求。可以说，根据对罗斯福的了解，丘吉尔恰到好处地表达了自己的意志，迎合罗斯福美国式的自由性格和幽默感，因此获得说服的成功。

因此，我们在与人沟通之前，最好把这个人的基本情况或者有关他的公司的问题了解清楚。尤其与对方是第一次见面时，充分了解对方背景就更为重要。只有这样，才能更好地把握沟通进程，并在交谈中发现对方的需求，及时调整沟通方向，达到自己的目的。

盛宣怀是晚清的一位大臣，他在拜见陌生的上级时，就非常注意了解对方的有关情况。一次，醇亲王特地在宣武门内太平湖的府邸接见盛宣怀，向他垂询有关电报的事宜。盛宣怀以前没有见过醇亲王，但与醇亲王的门客"张师爷"过从甚密，从他那里了解到两个方面的情况：一、醇亲王跟恭亲王不同，恭亲王认为中国要跟西洋学，醇亲王则不认为中国人比洋人差；二、醇亲王虽然好武，但自认为书读得不少，颇具文采。盛宣怀了解情况后，就到身为帝师的工部尚书翁同龢那里抄了些醇亲王的诗稿，念熟了好几首，以备"不时之需"。盛宣怀还从醇亲王的诗中悟出他的心思，毕竟"文如其人"。

胸有成竹之后，盛宣怀前来谒见醇亲王。当他们谈到电报这一名词的时候，醇亲王问："那电报到底是怎么回事？"盛宣怀回答道："回王爷的话，电报本身并没有什么了不起，全靠活用，所谓'运用之妙，存乎一心'，如此而已。"醇亲王听他能引用岳飞的话，不免另眼相看，便问道："你也读过兵书？""在王爷面前，怎敢说读过兵书。不过英法内犯，文宗显皇帝西狩，忧国忧民，竟至于驾崩。那时如果不是王爷神武，力擒三凶，大局真不堪设想了。"

盛宣怀略停了一下又说："那时有血气的人，谁不想洗雪国耻，宣怀也就是在那时候，自不量力，看过一两部兵书。"盛宣怀真是三句话不离醇亲王的"本行"，他接着又把电报的作用描绘得神乎其神。醇亲王也感觉飘飘然，后来醇亲王干脆把督办电报业的事托付给盛宣怀。

不同的背景造就了形形色色的人群，与不同的人对话，说话的方式也必然有所区别。在说服别人的时候，是要迎合对方，还是要和对方正面交锋？在迎合和交锋当中，又应该从哪个地方下手？这种判断只能来自知己知彼的基本了解。那么在沟通之前，我们一般需要了解对方的以下几个方面的情况：

1.基本情况

沟通之前，对方的一些基本信息是必须清楚的，主要包括：性别、年龄、身份、职业、背景。好比战役开始前，了解对方的实力、部署、防线，以及对方所处的地形等等。这些基本的内容可以通过对方的履历、一些公开的资料，以及一些公共场合中获得。只要稍微留心，认真调查，得到这方面的素材并非难事。

2.了解对方的性格、喜好及其家人成员

如你想要具有一般的谈话能力，你要能够适应对方，尽可能了解对方的性格特点及其兴趣爱好，进而投其所好，另外也可以通过家庭成员来展开话题，引起对方的兴趣。但是切记，在态度上要友好而又真诚。

3.了解对方的需求

了解对方需求并设法满足，将会带来意想不到的沟通效果。我们可以在沟通之前通过间接的方式了解到对方的心理需要，在沟通时予以满足即可；也可以在沟通过程中，多听对方讲话，从对方的谈话中挖掘出他的隐性需求。

精心遣词，恰当用字

交谈时，若是选择使用消极的字眼，就会让人自暴自弃。反之，选择使用积极的字眼，能够振奋人心。

说话就是一把双刃剑，杀不了别人就会自杀。与他人交谈时，若是你说对了话，就能使人欢笑、排除心病、给人希望；若是说错了话，就会使人难过、伤心、令人绝望。因此，我们在说话时需要精心遣词，恰当用字，这样不仅可以准确地表达自己的意思，而且能够起到感染听者的效果。

西南某地的采购员王强到武汉出差。他走进一家百货商场，看到柜台上摆着的小水壶挺好，想买一个，便高兴地叫道："哇，小媳妇（小水壶），挺漂亮！多少钱一个，我要一个！"

售货员是位 20 岁出头的姑娘，听他喊"小媳妇"，便认为他心术不正，气得骂了一声"流氓"！

"6 毛？"王强想：6 毛一个可真便宜，多买几个。于是他说："6 毛就 6 毛，你这儿的'小媳妇'我都要啦！"

这下把姑娘气坏了，姑娘骂他无耻。王强一听，这是什么话，售货员怎么骂人，就说："我要'小媳妇'嘛，你怎么骂起人来了？"结果，双方大吵起来。

有些场合说方言实在不合适，容易给人粗俗之感。说话也要有讲究，什么场合该用普通话、什么场合可以用方言，人们规范使用语言的意识还有待加强，否则就会带来不必要的麻烦。许多人就是因为善于遣词造句、激励人心，才得以开创伟大的事业、留名青史。

有一位美国人曾在演讲中这样说道:"当我们今天得以享受到充分的自由时不要忘了《独立宣言》,它是两百多年来所给予我们每个人的保障。同样地,当我们这些年致力于种族平等时,不要忘了那也是因为某些字眼的组合而激发出来的行动所致。没有人会忘记马丁·路德·金博士打动人心的那一次演讲,他说,'我有一个梦想,期望有一天这个国家能真的站立起来,信守它立国的原则和精神'……"的确,用对了字眼不仅能打动人心,还能引导行动。

说话时,要注意选择使用积极性的字眼,能够振奋人心。人类的历史也可以说是由那些具有威慑力的话所组成的,这些话可以调动你的情绪,振奋你的精神,使你有胆量面对一切挑战,让人生过得更有意义。

有一部外国影片叫《风流寡妇》,如若改成《风流遗孀》,就会立刻韵味全无。再如《旧事重提》是鲁迅先生回忆往事的一组散文,后来结集出版时,先生将其更名为《朝花夕拾》,使之立即有了浓重的诗情。试想,在黄昏时分捡起早晨的花朵细看细想,那思绪之联翩,那感慨之万千,不是足以让人细细品味吗?

如果你想让你的声音不仅迷人而且有感染力,那么应该知道以下几个方面:

1. 内涵丰富才能妙语连珠

你若不想说话空洞无物,就应下决心积累大批的、雄厚的、扎实的知识,武装自己的头脑,让自己说话的内容丰富起来。最好在平时多下功夫,多读书多看报,以积累警句、谚语,积累谈话素材,从而提高自己观察问题、思考问题的能力。

2. 说话要会打比方

在我们的日常说话中，常常需要论述一些道理，这些道理如果配以贴切的比喻，就容易让人理解和接受。运用比喻可以达到化繁为简、生动形象的目的。

需要注意的是，不是任何两个事物都可以随便拿来比喻的，运用比喻这种手法时，本体和喻体之间必须有相似点。本体和喻体必须是性质不同的两类事物。运用比喻时要注意比喻的贴切性、易懂性、巧妙性，以及表意的准确性。

3. 巧用双关，言此意彼

双关的运用具有模仿性、类比性、幽默性，故而在实践中运用这一手法时，要注意以下几个要点：

（1）高雅纯正。在使用这一手法时，要坚持文明表达，以理服人的原则。

（2）隐藏幽默。含而不露，幽默横生，是运用这种手法的基本要求。

（3）沉着冷静。巧妙地把自己的道理寓在其中。

（4）切中要害。我们不仅要善于捕捉对方的隐衷、企图，更要善于发现对方的破绽、矛盾，切中要害，置之于乱处，使之张口结舌，无言以对。同时要充分发挥联想、模拟的作用，加大发挥力度。

4. 巧用俗语更精彩

俗语、谚语、歇后语等语言大都来自社会实践中，是人民群众创造发明的，在讲话时巧妙地运用，能够大大增强语言的感染力，容易被群众理解和接受。俗语是广泛流行的定型的语句，简练形象。恰当地引用俗语，可以增强讲话或演讲中的幽默感和说服力。

与人谈话时，可以适当地引用名人的言论、公认的史料、数据以及广泛流行的成语、俗语等，可以更好地点明主题，佐证观点，使文义含蓄，富有启发性。所以平时要多积累一些约定俗成的语句，这是提高说话水平的一条捷径，同时，要注意恰当地使用。

说话需自律，对失意的人不说得意的话

说话需自律，对失意的人不说自己得意的话，不张狂高举自己的地位、子女、家里的财产；见老年人不说丧气话，多说鼓励人的话；没有建言不轻易严厉批评人；与人绝交也不必说狠话做狠事。

不管是家庭还是事业，每个人都会遇到一些得意之事。也许你就是那个春风得意马蹄疾的人，此时你自然难掩心中的喜悦，恨不得告诉全世界的人，你升官了，发财了，找到一个相爱的人了……大多数人都会向你道贺，分享你的喜悦。但是，你注意到有一些人并不高兴吗？相对你来说，这些人就是失意的人，在他们面前，无论你多么"人逢喜事精神爽"，你都要"压抑"一下自己心中的"得意"。

生活中，不少人喜欢把自己的成绩挂在嘴边，逢人便夸耀自己如何能干，如何富有，完全不顾及别人的感受，甚至没有顾及当时的听者是不是正处于人生低谷。他们总以为夸夸其谈后就能得到别人的敬佩与欣赏，而事实上，很少有人愿意听你的得意之事，自我炫耀的效果往往是适得其反。

陈琳最近心情很不好，因为公司最近裁员，她成了一名无依

无靠的失业者。眼看着生活陷入困境，她内心焦虑不安。但这时，又赶上同学聚会，陈琳实在不想参加。但好友加同事的王莉非要拉她一起去。

王莉的工作生活顺风顺水，并且节节攀升，最近又被提升了。在同学聚会上，王莉高调地宣布自己的职务又得到了晋升，同时还宣告自己找到了真爱，欣喜兴奋之际，主动承担了所有的聚会费用，整个聚会成了王莉的庆功宴。

在大家的欢欣鼓舞中，陈琳悄悄退了出去，她感觉自己受到了很大的羞辱。从此，陈琳再也不愿意和王莉交往了。

同学聚会本来是件好事情，王莉的职务晋升也是件值得高兴的事情。但是，王莉只顾自己的得意而没有顾及好朋友失意、难过的心理，从此失去了一个很好的朋友。得意的人很难掩饰自己的欣喜之情，但是如果因为自己的"过度"兴奋而伤害朋友就得不偿失了。

当我们在得意的时候，别人说不定正处于失意的状态，特别是在朋友面前，千万不要炫耀自己的得意。如果你只顾炫耀自己的得意事，对方就会疏远你，于是你不知不觉中失去了一个朋友。所以，每逢开口说话，不管是什么内容，都要力避让别人产生自己被比下去的感觉。

聪明的人知道，在失意的人面前，不能说得意的话。失意的人本身心情不好，情绪也不稳定，他希望的是一些安慰鼓励和祝福，而不是你想要索取的"优越感"。所以，为什么不放下你的"得意"去安慰一下他们，给他们提供你力所能及的帮助呢？当然，这种帮助要从心底出发，不然你在他们眼里就会成为"猫哭耗子假慈悲"的人。

对于正在打拼的我们来说，最欠缺的是朋友，是贵人，你的炫耀只会让你失去更多的朋友。相反，如果我们能对失意的人多一点关心，说不定就会为自己赢得一份机遇。

刘墉在《股事名嘴换人做》一文中记下这样一个故事：

王经理、小张、小邱等人一起炒股。刚开始的时候王经理每猜必中，所以大家都把王经理奉若神明，众人开始跟风，王经理买什么，大家必跟定他。而王经理也因此故弄玄虚起来，说自己炒股获得一次又一次的成功完全得益于自己得天独厚的"第六感"。

说来也怪，自从王经理在夸耀自己的"第六感"之后，每炒必亏，直接导致他的"第六感"失灵。这自然引起了众人的质疑。后来，大家不得不想办法自救，小张主动成立了炒股"自救会"，集众人智慧炒股。

小张等人的"自救会"在一次炒股中尝得甜头之后，在王经理面前沾沾自喜，要求王经理加入"自救会"翻身。落寞的王经理转身离开，这时小邱并没有像小张他们那样，对失意的王经理态度依然如故。当炒股"自救会"收盘高呼时，小邱独与王经理黯然神伤，当炒股"自救会"举行庆功宴时，小邱陪王经理躲在一旁吃便当。

其实小邱并不是为了曲意逢迎上级，因为他不想看到王经理被"孤立"。也正是他陪伴王经理渡过了心情低谷，所以他得到了王经理的信任与赏识，在王经理升职之后，让小邱接替了他的职务。

小邱的成功正是因为他用了人性的善，懂得怎样安慰一个失意的人。而小张等人只会在失意人前说自己得意之事——推广炒股"自救会"的成功之道，让王经理跟他们一起干。殊不知，这样的做法只会让王经理更难过，因为这无异于将自己的得意忘形炫耀给失意的人看。

所谓"人生失意无南北"，一个人不可能都是一帆风顺的，自然也不可能都是倒霉连天的。所以，无论在任何时候，都不要去炫耀你的得意，特别是在失意者面前，应尽量保持一颗平常心，对失意者多点同情和理解，适当地给人帮助，这会让你的人生走得更加顺畅。

也许当初你给予他人的帮助只是一点点，比如，一句鼓励的话，一些微不足道的资助，但是在别人的心里意义就重要得多。自然，当你处于失意的时候，这些点滴的帮助，就成为你摆脱困境的源泉。

话多不如话少，话少不如话好

言语在精不在多。最不会说话的人可能就是喋喋不休的人。要想把话说得"高效"，你就应该言简，让对方很快明白你所要表达的意思。

在任何场合说话，我们都应该明白一个道理，那就是"话多不如话少，话少不如话好"。一个语言精练、懂得适时缄默的人，走到哪里都会受人欢迎。而一个不分场合、总是喋喋不休的人，有可能"话多错多"，招人反感。

俗话说"祸从口出"，有时候仅是因为说了一句不该说的话，而遭到祸害。我们应谨言慎行，不能因一时兴起，说一些无根据的话语，这只会让自己名誉受损。

子曰："辞达而已矣。"孔子的意思是说："言辞只要能表达意思就行了。"

《道德经》中有"多言数穷，不如守中"的说法。老子说："话说得太多，往往会使自己陷入困境，还不如保持沉默，把话留在心里。"

《弟子规》中的"话说多，不如少，惟其是，勿佞巧。"告诉我们话多不如话少，话少不如话好。说话要恰到好处，该说的说，不该说的绝对不说，立身处世应该谨言慎行，谈话内容要实事求是。

据史书记载，子禽问墨子：老师，一个人话说多了有没有好处？墨子回答：话说多了有什么好处呢？比如池塘里的青蛙天天叫，弄得口干舌燥，却从来没有人注意它。但是雄鸡，只在天亮时叫两三声，大家听到鸡啼就知道天要亮了，于是都注意它。墨子的回答虽然简单，但阐述了说话既要切中要害又要恰合时宜的道理。青蛙与雄鸡的对比，形象地诠释了把握话多不如话少，话少不如话好的真正内涵。

古往今来，会说话的例子不胜枚举。孔子崇尚周礼，曾专程到东周都城洛阳考察礼仪制度。当他在参观周王祭先祖的太庙时，看到台阶右侧立着一个金属铸造的人，嘴上被扎了三道封条，在这个金属人的背面，还刻有铭文，大概意思是：这是古代一位说话极其慎重的人，小心啊！小心啊！不要多说话，话说的多坏的事也多。

《菜根谭》中说："十语九中，未必称奇，一语不中，则愆尤骈集。"意思是说，十句话说对九句，未必有人说你好，但如果说错一句话，则各种指责，抱怨就会集中到你身上。

由此可见，多说话不如少说话，说话要恰当无误，千万不要花言巧语。那些话痨者往往说个不停，难免口干喉痛，不仅得不到任何益处，一旦发生了"口是祸门"的事情，只会给自己的处境和人际关系带来障碍。

诸葛瑾是三国时期孙权手下的大臣，平时话不多，但常常在紧要关头，几句话就能解决问题。有一次校尉殷模被孙权误解，要被杀头，众人都向孙权求情，只有诸葛瑾一言不发。孙权问："为什么子瑜（诸葛瑾字子瑜）不说话？"诸葛瑾说："我与殷模的家乡遭遇战乱，所以才来投奔陛下。现在殷模不思进取，辜负了您，还求什么宽恕呢？"短短几句话，孙权就感到殷模不远千里来投奔自己，即使有过错也应该原谅，于是就赦免了殷模。

与人交谈时，有些人聊到尽兴，一股脑地把什么话都说出来，好像自己多么真诚、坦白；也有些人由于一时气急就什么都不顾，什么都说，话越尖酸刻薄、越狠毒越说，一时的解气之后只怕是后悔都来不及了！所以，我们一定要管住自己的嘴，一句话没说好就可能让你身处逆境；一句话没说好就可能让奸佞的小人抓住把柄置你于死地！

某博物馆派出某馆员招揽橱窗广告业务，这位馆员专程赶到当地一家制鞋厂，稍加浏览，就大包大揽地与厂长谈生意。他自以为是，手指厂房里展列出的各类鞋产品，夸奖一通："这种鞋子，款式新颖，美观大方，如果与我们馆合作，广为宣传，一定会提高知名度的！然后就会畅销全国，贵厂生产也会蒸蒸日上啊！"

听起来声情并茂，又具说服力，可惜说话人并非制鞋内行，原来他夸耀的是对方厂中积压的一批过时的产品。结果厂长不动声色地答道："谢谢你的话。可惜你指出的这批鞋子全部是落后于市场供求形势的第七代产品，现在我们的第九代产品正在走俏、热销。"

仅此两句话，就令这位馆员无话可说了。我们要学会少说话，说也要说得巧妙，千言万语也不及一个事实给人们留下的印象深刻。如果想要使你所说的话令人重视，有一个技巧就是少说话。少说话的人有更多的时间静静思考，因此说出来的话更为精彩。尤其是当更有经验或者更了解情况的人在座时，如果多说了，就等于自曝其短，同时也失去了一个获得知识和经验的机会。

在我们的生活中，不但要学会适时地沉默，还要学会优美而文雅的谈吐。少说话固然是美德，但是人处于社会各种场合，在不该开口的时候，要做到少说话并适当地缄默；在该说的时候，就要注意所说的内容、意义、措辞、声音和姿势，要注意什么场合说什么话。

无论是探讨学问、接洽生意还是交际应酬、娱乐消遣，我们要尽量使自己说出来的话重点突出、具体而生动。

失言被人指责，不如先检讨

当一个人感觉自己因犯错可能会被人指责时，不妨首先检讨自己一番。当对方发觉你已承认错误时，便不好意思再多加责怪了。

在现实生活中，也许我们都有过这样的经历：因为不小心做错了事情，或者说了一些不合时宜的话，而遭到上司、同事或是家人的指责，被人责怪的心理可能是委屈、怨恨……其实，当我们明知会被人责怪时，不如先检讨自己。

一个人有勇气承认自己的错误，也可以获得某种程度的满足感。这不仅可以消除罪恶感和自我卫护的气氛，而且有助于解决这项错误所制造的问题。同时，失言时先做检讨是一个态度上的补救，当对方发现你已经意识到犯错或心有悔意，通常会放你一马，即使想指责也不好意思了。

美国心理学专家卡耐基在其《美好的人生》一书中，讲了他的一段经历。

卡耐基常常带着一只叫雷斯的小猎狗到一个公园散步。因为这个公园平时人很少，而且雷斯这条小狗友善而不伤人，所以卡耐基常常不替雷斯系狗链或戴口罩。

有一天，他们在公园遇见一位巡逻的警察。警察严厉地说："你为什么让你的狗跑来跑去而不给它系上链子或戴上口罩？你难道不知道这是违法的吗？"

"是的，我知道。"卡耐基低声地说，"不过，我认为它不至于在这儿咬人。"

"你认为！你认为！法律是不管你怎么认为的。它可能在这里咬死松鼠，或咬伤小孩，这次我不追究，假如下次再被我碰上，你就必须上法庭跟法官解释了。"

被警察警告之后，卡耐基的确照办了。可是，他的雷斯不喜欢戴口罩，也不喜欢被链子约束。卡耐基只得作罢。又是一个下午，他和雷斯正在一座小山坡上赛跑，突然，他看见那位警察大人就在前面的不远处。

卡耐基想，这下栽了！他决定不等警察开口就先发制人。他说："先生，这下你当场逮到我了。我有错。你上星期警告过我，若是再带小狗出来而不给它戴口罩，你就要罚我。可是我……"

"好说，好说，"警察回答的声调很柔和，"我知道没有人的时候，谁都忍不住要带这样一条小狗出来溜达。"

"的确忍不住。"卡耐基说道，"但这是违法的。"

"哦，你大概把事情想得太严重了。"警察说，"我们这样吧，你只要让它跑过小山，到我看不到的地方，事情就算了。"

卡耐基处理这件事的方法是，不和对方发生正面交锋，承认对方绝对没错，自己绝对错了，并爽快地、坦白地、真诚地承认这点。因为站在对方那边说话，对方反而为自己说话，整个事情就在和谐的气氛下解决了。

试想一下，如果卡耐基不断为自己辩护的话，只能继续点燃巡逻警察心中那股还没有完全熄灭的火气，最后卡耐基可能会被处以更重的处罚。所以，如果我们知道免不了会遭受责备，何不抢先一步，自己先认错呢？听自己谴责自己比挨人家的批评好受得多吧。

费丁南·华伦是一位商业艺术家，他使用这个技巧，赢得了一位暴躁易怒的艺术品顾主的好印象。

一次一位雇主交给他一项任务，由于时间紧迫，匆忙之中，费丁南·华伦只是把画稿交给他。费丁南·华伦见雇主在客厅里怒发冲冠的样子，心想这次定要被他"兴师问罪一番"。

费丁南·华伦见雇主正要张口，连忙主动说："先生，我的错误不可原谅，我为你工作这么多年，确实应该知道怎样画才对。我觉得很惭愧。"

没想到雇主竟为他辩护起来。他说："其实并不是什么大不了的错误，只不过……"

华伦打断他的话继续说："今后我一定更加小心，这一次我一定重新再来。"

"不！不！"雇主连连摇手。"我不想麻烦你，我只要稍加修改就行了……"就这样华伦获得了雇主的好感，并为他的商业道路铺下了稳定的基础。

　　有时候就是这样，当你在为你的错误拼命辩驳时，恰恰会导致你将要为所犯的错误付出更大的代价。假如你能够在别人指出错误之前先承认自己的错误，十有八九会得到别人的谅解或宽恕，甚至还会忽略掉你的错误。

　　我们不难想到：只有缺乏智慧的人才会为自己的错误寻找借口，强词夺理，这样只会使自己处于更不利的地位，而一个勇敢、豁达、能承认自己错误的人往往会赢得人家的谅解和敬重。

第二章

说服也需条件，

精准秒杀有底气

赢得对方的信任

如果对某个人表现出充分的信任，那对方就会在你的这分信任下努力去达到你所期望的目标。对此，成功的大企业家松下幸之助有很深的体会。当他注意观察公司内的员工时总会觉得那些员工比自己优秀，然后他还会对员工说："我对这件事情没有自信，但我相信你一定能够做得到，所以就交给你去办吧。"而员工由于听了他的话而感觉自己被重视，因此会竭尽全力把事情做好。

1926 年，松下电器公司要在金泽市设立营业所。松下幸之助从来没有去过金泽，但经过多方考察与考虑，还是认为有必要成立一个营业所。但是松下幸之助又开始犹豫应该派谁去主持那个营业所。当然，胜任那个工作的高级主管有不少，但是，那些老资格的管理人员必须留在总公司工作。因为无论他们当中的哪个人离开总公司，都会对总公司的业务造成不利影响。这时，松下幸之助想起了一位年轻的业务员。

那位业务员当时只有 20 岁，但是，松下幸之助不认为年轻就办不好事情。于是，他决定派这个年轻的业务员担任设立金泽营业所的负责人。松下幸之助把他找来，对他说："公司决定在金泽设立一个营业所，希望你能去主持这项工作。现在你就立刻去金泽，找个适当的地方，租下房子，设立一个营业所。我已经准备好一笔资金，让你去进行这项工作了。"

听了这番话，年轻的业务员大吃一惊。他不解地问："这么重要的职务，让我这个刚进入公司才两年又如此年轻的人去担任，不太合适吧？而且，我也没有多少经验……"

但是，松下幸之助觉得应该对年轻人表现出足够的信任，于是他几乎用命令的口吻说："你没有做不到的事情，你一定能够做得到的。你想，像战国时代的零藤清正、福岛正泽这些武将，都在十几岁时就非常活跃了。他们在很年轻时就已经拥有了自己的城堡，统率部下，治理领地百姓。还有，明治维新时的志士们不也都是年轻人吗？他们能够在国家艰难的时期适时地站出来，建立了新时代的日本。你已经超过 20 岁了，不可能这样的事情都做不来的。放心吧，我相信你，你一定能够做到的。"

这一番话使得那位年轻的业务员下定决心说："我明白了，您就放心让我去做吧。非常感激您能够给我这个机会，实在是光荣之至，我一定会好好地去干的。"

年轻人一到金泽就立即展开准备工作。他每天都会给松下幸之助写一封信，告诉他自己正在找房子，后来又写信说房子已经找到，后来又是装修，等等，把自己的进展情形一一向松下幸之助汇报。很快，他在金泽的筹备工作完全就绪。于是，松下幸之助又从大阪派了两三名员工过去，开设了营业所。

正如松下幸之助所认为的，激励员工的要诀很多，但最重要的还是能够信赖他人，把工作完全交给他。受到信赖、得到全权处理工作的认可，任何人都会无比兴奋，相对地他也会产生责任心并全力以赴地工作。是的，通常一个受上司信任、能放手做事的人往往都会有较高的责任感，因此，上司无论交代什么事情，他都会竭尽全力去做好的。

先获得对方的好感，再委婉地商量

说服别人能否成功，就要看是不是因为你过于直接的说话方式得罪了对方，让对方感觉到不快。

要想在一场谈话中开个好头，先获得对方的好感，趁对方心神愉快时再提出自己的观点，相信对方更容易虚心接受，而且还会感激你。但如果你较为直接地提出自己的观点，纵然出发点是好的，也难免会激起对方逆反的情绪，甚至导致适得其反的结果。

广告设计师魏明为客户做了一个方案，连续改了几次，客户还不是很满意。魏明也很不耐烦，说什么也不想改了。老板让魏明的好朋友黄雨去说服魏明再修改方案。黄雨开始也不知道怎么说才算好，后来他想了一下，就去对魏明说："最近你搞的方案应该是不错的，比较漂亮，老板看了也说好。不过，有个问题想跟你探讨一下，就是内容上可以再精确一些。我帮你一起搞怎么样？"

黄雨说的话先扬后抑，语气婉转，听不出有什么批评的意思，魏明自然容易接受，事情也就顺利解决了。显而易见，人都容易先入为主，前面赞扬的话让他很受用，后面的意见听起来就是好意，对方自然就听得进了。所以无论在对朋友说话还是说服别人时，都应该以礼相待，注意说话时的语气口吻，像"不过""当然""如果""可能""能否"这些委婉的词语应该多多使用，双方就容易沟通和交流。

　　说服一个人是否能顺利成功，很大程度上取决于说服时采用的态度和方式。没哪个人喜欢被别人指手画脚，如果一味地讲道理或再三强调自己的看法，不难发现，除了别人的厌恶和不满之外，将一无所获。虽然古话说"良药苦口利于病，忠言逆耳利用行"，假如良药不再苦口，效果或者会更好。

　　一个男孩辍学了，整天无所事事，打着"自己养活自己"的幌子，离家出走找工作。几夜未归，结果工作没找到，自己没能养好自己，反倒参加了一次打群架。母亲望着一身野气、又瘦又脏的孩子，痛楚了几天的心更加痛楚。疼、气、爱、恨以及对未来的忧虑，使她一下不知从何说起。顿了一下，她说："妈妈心里明白，你出去是为了找工作，为了给自己、给父母争气，也为了减轻妈妈的负担，让妈妈因看到你成人而高兴。你能这么懂事，体谅大人，我很高兴。但是……"看到儿子羞愧地低下了头，妈妈又转了话锋，"不管怎样，你已经知道怎样对自己负责了，妈妈相信你以后不会做出对自己前途没好处的事。"

　　这位母亲没有吵嚷、打骂。而是先给予孩子肯定，再委婉地提出自己的意愿。由此可以看出，好的谈话者常能够从对方的心中找出容易接纳自己的点，从而缩短与对方的距离，获得对方的好感。

　　如果在说服中一定要说一些对方不容易接受的话，比如明确指出对方的缺点错误或改变对方的观点时，首先要考虑到对方能否接受。如果一开口就直指问题，对方肯定会有抵触情绪。这时候，绕个弯子说问题就显得很有必要了。先讲一些对方爱听的话，或者赞扬对方一番，然后再转入正题，就能达到想要的效果。

当然，为了获得对方的好感并不是无原则地一味讨好、迁就对方，而是指在坚持原则的前提下，更好地把握说服的分寸和方式。生活中，每个人都是平等的，想得到最佳的说服效果，不妨在说服的前面，先做好一层甜蜜融洽的铺垫，让对方在欢愉中接受和肯定。

寻找对方感兴趣的话题或是满足对方情感方面的某种需要，就能赢得对方的好感，再适时地提出自己的观点，这是使得说服取得圆满成效的一条捷径。

1. 寻求与对方保持一致

当你试图说服对方时，如果你越是使自己等同于他，就越具有说服力。因为你和他的相似度越高，他就越认同你，把你当成自己人。你的言行在他看来，就代表着他的需求，对你的好感多过于排斥。这时你再委婉地提出自己最初的想法，对方就比较容易接受。

2. 创造友好的谈话气氛，与对方推心置腹

努力创造一种热情友好、轻松愉快的谈话气氛，从而消除对方的猜疑、警惕、排斥心理，这对后面说服工作的达成起很大作用。在说服对方的过程中，能否让对方感受到被尊重，不仅会影响到对方的心态、情绪，而且会影响到说服的效果。对方如果觉得自己在谈话中受到尊重，往往会变得更友好和热情。相反，如果对方的自尊心受到伤害，他常常会变得冷淡、消极、不服气或恼怒，甚至会反唇相讥以示愤怒，个别气量狭小者还有可能不顾一切后果图谋报复。

总而言之，在应用这种说服策略时，最关键的一点就是在给予别人认可和称赞以获得对方好感时，一定要表现出足够的真诚，

千万不要表现出是在敷衍了事，这样会引起对方的反感，从而无法达到想要的结果。

吸引对方的注意

说服他人时，如果适当点缀些俏皮话、笑话、歇后语，可以取得良好的效果。这种加"作料"的方法，只要使用得当，就能把抽象的道理讲得清楚明白、诙谐风趣，不失为说服技巧中的神来之笔。

在谈话中适当给语言加点调味剂，用一些适当的"歇后语"激活对方的思维，不仅可以搞活谈话的气氛，还可以让事情朝着自己想要的效果发展。

会做饭的人都有这样的体验：要使菜肴美味可口，要注意适加作料。说服也是这样，你在说服别人时，恰到好处地添上一句歇后语，往往能起到意想不到的效果。

歇后语，又称俏皮话、巧语、谐谑语。它是一种特殊的语言形式，前部分譬语像谜面，后部分解语像谜底。它通过含蓄幽默的比喻，夸张而精确地把抽象的道理讲得明明白白，富有启发性，而且想象丰富，诙谐风趣，言简意赅，通俗易懂，容易入心。

某塑料厂宣传干事刘某和妻子雪琼新婚宴尔，星期天一同去逛街，不料在一林荫道的拐弯处，迎面遇上刘某从前的恋人张莉。刘某感到慌乱，而对方也冷冷地看着他们。此时，只见雪琼主动走上前打招呼道："这不是张莉姐吗？你好！今天可是一滴水滴在香头上，碰得这么巧。咱姐俩难得见面，正好，一起走吧。"一番话，说得张莉破脸而笑，忙摆手："谢谢，不用了，我还要到那边看看。"

雪琼不愧为一名聪明伶俐的女性，她的出面不仅解了丈夫的围，而且她得体的称呼，客气的话语，特别是巧妙加进的歇后语"作料"，说得张莉不好意思，心中的不快也顿时化解。

在说服别人的时候，如果你总是板着脸、皱着眉，那么，这副样子很容易引起对方的反感与抵触情绪，使说服陷入僵局。因此，在注意到这一点时，你可以适当点缀些俏皮话、笑话、歇后语，在说服的过程中，使对话的气氛变得轻松些，这样往往会取得良好的效果。

有一对结婚八年的夫妻闹离婚，拉拉扯扯来到司法办公室。调解员了解情况后，看了看他俩说："看你们一个英俊潇洒，一个美玉无瑕，真是挑水的娶了卖茶的——如此般配，我敢说，天上的牛郎织女都羡慕你们，你们倒为点小事要离婚，你们不觉得太轻率了吗？"

进来时气鼓鼓的夫妻被调解员的一席话，说得不好意思地低下了头。调解员趁火候继续劝道："你们的孩子还小，他需要得到父爱和母爱，如果都胳膊肘往外弯——只顾自己，孩子长大了，知道他们的父母为点小事赌气，抛弃了他，会怨恨你们一辈子的。"

夫妻俩面面相觑，欲言又止。调解员站起来笑吟吟地说："都回去吧，以后再不要跨进这门，进这门可不是闹着玩的。"一场离婚就这么劝住了。

从上例可以看出，这位调解员口才不错，且很会说服，也善用诙谐幽默的歇后语来调和那对夫妻间的紧张气氛，从而成功地化解了一场婚姻危机。

用歇后语加"作料"说服的方法，只要使用得当，就能把抽象的道理讲得清楚明白、诙谐风趣，不失为说服技巧中的神来之笔。在工作中，上级在说服下属时，也可以用歇后语做点缀，从而取得好的效果。

某工厂一名员工因未如自己意愿——调动工资，气势汹汹地闯进厂长办公室，大声叫嚷。厂长一声不吭，待他冷静下来以后，便心平气和地说："小张，你知道这次为什么没给你调动工资吗？"

小张说："不就是我爱玩麻将吗？再说了，我又不在公司玩，工作以外的时间玩玩有什么不行？"

厂长语重心长地说："我不反对年轻人玩，但是要玩得正当，有意义。你那天晚上一下子把一个月的工资输光，你妻子哭哭啼啼找到我，要我劝你。按理说，这是赌博，你属于公安局的禁赌对象。念你初犯，没给你处分；之所以没升你工资，是想让你从中吸取教训。赌博这玩意可害人哪，弄不好，到头来门神店失火——人财两空。那时，厂里可担当不起呀！"

小张听了厂长的一番话，低下头沉思着。厂长拍拍他的肩膀："好好干活去吧，今年的奖励升级我可等着你啦！"

小张听了，心服口服，满怀希望地回去工作了。

厂长妙用"门神店失火——人财两空"这一歇后语来警醒小张赌博的严重性，从而使小张意识到了问题的严重性，决定改变这种不良的习惯。

在说服中给自己的语言加点"作料"，不但能营造一种轻松的谈话氛围，而且可以让对方不那么抗拒，以达到四两拨千斤的效果。值得注意的是，歇后语作为说服的"作料"，一定要用得恰当，即做到适时、适地且符合说话人的身份，才能收到好的效果。

制订恰当的策略，对不同的人采取不同的说服方式

由于被说服者的性格不同，说服时要点的把握就有很大的区别。这就需要自己平时细心琢磨、灵活掌握，因人制宜。切忌不分对象，见了哪路神仙都是一副面孔、一个腔调、一套说辞。

不同性格的人，对接受他人意见的方式和敏感程度是不一样的。在说服别人的过程中，要根据说话对象的不同，改变说话方式、语气和措辞，这样说出来的话才能容易被对方接受，达到说服他人的目的。

在生活中，每个人的性格都全然不同。比如有人个性强，有人则比较感性，有人较虚荣，等等，而且每个人的行为动机和需求也不尽相同。所以，要想说服他人就要因人而异，一把钥匙开一把锁。根据对象的实际情况如年龄、身份、文化修养、性格、彼此间的熟悉程度等方面，采取不同的说服方式和语言技巧来增加自己的说服力。

一家工厂精减人员，一位女员工由办公室被精简到一线。这位女员工很想不开，觉得厂长有意针对她，要求厂长立即给她办病休手续。这天，她又到厂长办公室吵闹，一位负责人事的干部叫住了她："大姐，咱姐妹不错，我有几句贴心话想和你说说。"

这位女员工一落座，就诉起苦来。她始终认为，把她裁到一线是厂长有意整她。等她说完，这位人事干部说："大姐啊，你说厂长整你，我看可能是你多心了。厂里这次精简裁员下岗了三十多人，你们办公室裁了 3 个人，而你只是被裁到车间，活虽然比

以前辛苦点，可是多干多得，这不比在办公室里拿那几个固定工资强？"

她边说边观察那位女员工的变化，看到对方脸上阴沉的表情有所缓解，又接着说："大姐啊，你就为一口气，而要病休可是太不合算呀！咱们已经这个岁数了，再做几年就该退休了。假如你现在病休，到退休时工资只能拿 70%，那你不亏大了？你想想，咱辛辛苦苦一辈子，真就差这么几天就熬不下来了？大姐，你琢磨琢磨，我说的有道理没？"

说到这里，那位女员工脸上露出了笑意。她拉住人事干部激动地说："你算把你的傻大姐给说醒了！人在事中迷，就怕没人提。我倒把这茬儿给忘了。我听你的，明天就到一线！"第二天她就痛痛快快下了车间。

从上面故事中不难看出，想要说服对方，就要知道对方的"心结"所在。从对方的实际情况着手，有针对性地进行说服。由此可见，要根据不同说服对象的性格使用不同的说服方法。对一些人只需把道理讲清即可，可另外一些人却要从情感着手。同样的内容，要用不同的方式表达。

所以有人就想不明白：明明给他人的是一个很好的意见，却不被他人接受。这就是因为他没分清说服对象，采用同一种说服方法，所以很难顺利达成目标。从下面一个故事里也许可以得到一些启发：

公元 208 年，刘备兵败樊口，无力反击，要与曹军抗衡，必须与孙权联手，于是他派诸葛亮前往江东说服孙权。

孙权手下的谋士大都主张降曹自保，只有鲁肃主张联刘抗曹。诸葛亮到了东吴，鲁肃就明确地向诸葛亮表示，见了孙权之后，一定不能说曹操兵多将广。诸葛亮没有直接承诺会像鲁肃所说的那样来应对孙权，只是说他自会随机应变。

当孙权向诸葛亮问曹操兵力如何时，诸葛亮说："据说曹操屯兵百万，可实际上并不止这个数字。所以，在这个时候，彼此联盟是明智的选择。"孙权很惊讶地问："那为什么兵力比东吴还弱的刘备敢和曹操抗衡呢？"诸葛亮说："我的主公是为了要匡扶大汉江山，所以和曹操一战是必不可少的。这是正义之战，兵力是次要的问题。为了东吴的安全着想，所以劝说你和我的主公联手抗曹。"听了诸葛亮的这番话，孙权也立志要和曹操决一胜负。于是孙刘两家合力对抗曹操，成就了历史上著名的以少胜多的赤壁之战。

诸葛亮知道孙权虽然年少，缺乏对敌经验，但却不是简单的人物。如果把敌方的兵力说弱了，或许他就不会与刘备联盟了，所以反而以强调敌人的强大，激起他的斗志。由诸葛亮游说孙权的例子中可以证明，诸葛亮的"看人说话，说话因人而异"方法是成功的。

社会交际中，难免会遇到与自己相悖的人。在说服之前要有备而来，不同的人采用不同的说服方法，这就要求必须具备丰富的知识和经验。所以为了能具备这种说服的才能，就得体会各种经验，使自己的见识进一步增加，具体可以考虑以下几个因素：

不同年龄段和不同的性格：面对年轻人或性格直爽的人，你可以直入话题，要多用正话反说的方式；面对中年人或面对谨小慎微的人，应慢言细语、陈述利害，以供他们思考、斟酌；面对生性多疑的人，切忌时时表决心，而应不动声色，出他自己消除疑惑；面对老年人，应采用商量的方式，以示对他们的尊重。

不同的工作性质和兴趣爱好：如果从被说服者从事的职业或不同的兴趣着手，运用对方所熟知的专业或感兴趣的话题打开局面，对方对你的信任程度就会加深。每个人对别人提起自己擅长的领域都会产生好感，说服工作便能事半功倍。

不同的文化修养：面对文化程度较低的人，要用通俗易懂的语言，简明扼要地说明道理，多使用具体的事例和数字；面对文化修养较高的人，要多用书面语言和抽象的哲学说理。

总之，说服别人必须要看对象、看场合，针对不同的人采用不同的说服方法也是我们要掌握的说服他人的技巧之一。

让说话充满激情，说服更具吸引力

在缺乏激情的对话中，往往语言简单，甚至讲几句话就无话可说了，总是找不到话题，最后让沟通陷入尴尬无法进行下去；而在充满热情的交谈中，双方都是满面笑容，说出来的话能热乎到人的心里去，这样的沟通无疑是高效而圆满的。

与人交谈时，我们说话要有激情，掷地有声。如果一个人说话太慢或缺乏热诚与感染力，对方也会觉得兴趣索然。跟笑声一样，热诚也会有传染性。你说的话语、表情，以及你对自己所做事情的感觉，也会影响他人，你对自己的工作或产品的热情都能通过语言传递给他人。

要想让激情感染听众，讲话者最好的选择不是说自己想说的，而是说出对方想听的话，这样更能加深共鸣感，拉近双方的心灵距离，让对方的心和你的心连在一起，从而把激情传递给对方。

美国总统奥巴马就是一个用激情感染听众的领导者。

2008 年 8 月 28 日，美国伊利诺伊州联邦参议员奥巴马正式接受美国民主党总统候选人的提名，成为美国历史上第一名主要政党黑人总统候选人。奥巴马在 8 万多名现场观众的注视下发表了演讲，演讲持续了 44 分钟，他力图向会场内外的所有美国人证明：他与选民零距离。

"怀着强烈的感激和深深的谦恭，我接受你们的美国总统候选人提名。"

他说，那些从伊拉克和阿富汗回国的老兵让他想起自己曾参加第二次世界大战的外祖父；那些生活压力过重的学生们让他想起了自己吃苦耐劳的母亲；那些遭遇职场歧视的女性则让她想起了自己的外祖母。

"我了解你们的苦衷，我今晚站在你们面前，因为全美国有一种情绪在涌动。那些对我说'不'的人并不理解，这场选举的主角不是我，而是你们。"这时，全场响起了雷鸣般的掌声，因为民众们相信，奥巴马将和全美民众一起"奋斗"。

当听众与讲话者心中的激情共同燃烧时，就达到了心与心的相连。支持奥巴马的选民们和奥巴马演绎了这种听与被听合二为一的最高境界。奥巴马说出了选民们内心深处最真实的声音，而选民们感受到了奥巴马内心中最火热的激情。奥巴马真正地与听众合二为一，两者互相燃烧，共同灿烂。

一个人没有激情和热情是很难成功的，而激情和热情是什么呢？激情和热情是一个人对工作和学习高度责任感的体现。

我们说话缺乏激情，就会显得苍白无力。每个人都有激情，只是在现实生活中，很少有机会能表现出来，加之一般人都不愿将自己的感情当众流露。因此，人们总是通过交流或者参与某种活动，在一个大家都非常投入的氛围中，以满足这种感情流露的需要。

人们对林肯就任美国总统时的一篇演说赞誉备至，称之为"人类最光荣而最宝贵的演说之一，是最神圣的人类雄辩的真金"。其演说内容如下："我们对于大战灾祸能够早早结束，都很热诚祈求……不论对什么人，我们都要慈爱而不要怨恨，我们坚持正义，并继续努力完成我们的工作——整顿我们已经残破的国家，纪念我们战死的烈士，善待孤儿寡母，维护人与人之间的永久和平。"

有人评价道："林肯在葛底斯堡的演说已经十分精彩，然而他的就职演说更加精彩……这是林肯一生中最感人的演说，他这篇激情澎湃的演说使他的人格魅力散发出耀眼的光辉。"

缺乏激情，你所说的话就会苍白无力、枯燥无味。想打动人心，说服对方吗？那么，需要从三个方面做起：

1. 说话要充满自信

有自信，说出来的话自然会显得有力而且够分量。如果你还不够自信，就需要勇于尝试，从尝试的结果中，找出成功或失败的关键，口才自然越练越灵光。经过多次的尝试与体验，就能学会谈话技巧，累积各种经验。此外，阅读报刊、欣赏电影、倾听别人说话，都可以学习说话的技巧，从中提升你的表达能力。

2. 讲话要有抑扬顿挫

如果你想表达出蕴藏在内心的激情，讲话就应该有抑扬顿挫。停顿不只是声音的静止，而是一种无声的心灵之语，它往往配合动作手势。例如，低头沉思；双手握拳，做激动状；说到关键处，双目凝视；深深叹息；皱紧双眉做痛苦状；抬头仰望天空，等等。做出以上动作手势时，一定要自然、逼真，否则就失去了"停顿"所特有的效果。

3. 真情流露

在当众说话时，你的真情实感通常会从内心流露出来，这是一种自然地流露，也是一种可以感染他人的流露。如果你能够调动自身的情绪，以情感人，那么听者的注意力便会在你的掌控之下，你就掌握了开启听者心灵之门的钥匙。

抓住说服时机是关键

时机对于说服者来说非常宝贵，你必须知道对方当时处于何种精神状态。

俗话说："趁热打铁。"说服他人也是这个道理。一个人说话的内容无论多么有哲理，若时机掌握不好，也无法达到说服的目的。因为对方的想法和观点往往会随着时间的变化而变化。

如果想让对方愿意听你的话或者接受你的观点，就应当选择恰当的时机把道理讲给他听。抓住了最佳时机，一语值千金，事半功倍；反之，你说再多也无用。正如一个运动员，如果他在大赛中没有把握住那"决定性的瞬间"，即使平时训练成绩有多好，动作有多标准，金牌仍会与他失之交臂。

秦始皇去世后，丞相李斯受赵高的蛊惑，和赵高一起假造圣旨，害死了公子扶苏，把胡亥推上了皇位，也就是秦二世。胡亥继位后，赵高日益受到宠信，地位不断升高。但李斯身处丞相之职，赵高觉得他对自己的地位构成了威胁，便一直寻找机会除掉李斯。

秦二世执政十分荒唐，整日沉迷淫乐，不理政事。李斯身为丞相，觉得应该劝谏一下，但是，由于秦二世不理朝政，李斯根本找不到机会。于是，李斯找到赵高，想让他想办法。赵高一口答应了下来。

时隔不久，赵高就告诉李斯，说皇上在某某宫，你可以去找他。李斯谢过赵高，找到了秦二世。当时秦二世正在和嫔妃、宫女玩乐，看见李斯来很扫兴，大怒，呵斥他下去。从此，李斯彻底被冷落。

其实，这正是赵高的奸计。他有意在秦二世玩得正开心的时候让李斯去进谏，说一些让秦二世不高兴的话，秦二世能不恨李斯吗？

说服他人能否成功，是受多种因素制约的。其中，能否抓住说服的最佳时机，是至关重要的，你应该把握时机并努力抓住它。

因此，在说服他人的时候，不是时候，不到时机，有些话是不能说的。说了，反而会惹上不必要的麻烦。也就是说，要把握说服的时机。

在说服对方的过程中，正确把握说服时机，就要特别注意把时机选在对方情绪比较亢奋的时候。当对方不高兴的时候不要开口，可以等他心情好的时候再谈。只有这样，才能达到更好的说服效果。

一般来说，要想说服他人，最好把握好以下几个方面：

1. 把握好"生物时间"

从心理学观点来看，每个人的情绪都可能受到一种所谓的"生物时间"的支配，每当黄昏时分，人的精神就比较脆弱，容易被说服。

　　一些人会因劳累、遇到不顺心的事或正在把注意力集中在其他事情上时，没有心情来听你说话。所以，在开口说话之前，应先观察对方的脸色和当时所处的氛围，然后再决定是否要开口或应该讲什么内容。

　　2.要了解被说服对象的习惯和性格来考虑开口的时机

　　在开口之前要对被说服对象有所了解，包括对方的生活习惯和性格。如果事先对这些不做了解，触到对方忌讳的习惯或碰到对方情绪不好的时候，不但达不到要说服的效果，而且会因此引起对方的不快。就如上面故事里的李斯丞相虽是抱着尽忠的心，却最终被秦二世所冷落和排斥，得不偿失。

　　3.对于初次拜访的人应视会面的具体情况考虑说服时机

　　在与对方会面时，应善于观察，从会面场合的摆设或环境开口，以求了解对方喜好或对方当时的心情以及是否空暇等基本情况。再从这些反馈中决定是否开口说服。换而言之，如果从旁敲侧击里得出对方对自己所持的想法或目的暂时没兴趣的话，就要给彼此留有再会面的余地，以寻求再次说服的机会。

　　4.运用竹子定律

　　台风扫过热带地区时，竹类植物能逃脱厄运而不受损伤。竹子只是弯曲下来，一旦风暴吹过，竹子会在瞬间弹回原位。

　　你用竹子的这种方法非常有效，因为它使抵制泄了劲，而你所要求的变化却还保留下来且毫无变化。现在来看看竹子战术如何对付更激烈的言辞和其他抵制办法，并且平静地实现变更。

　　你可以说："也许我不能总是做到应有的敏感。如果你在中午前完成这项目，那我将乐意……"

"在有些场合我可能脾气很坏。这是我的建议。如果……那么……"采用"也许""可能"及"在某些场合下"等词，使你在不完全同意的前提下表示听到了对方的回答。

虽然以上几方面并不是任何时候都能正确评估听众的心理状态，但如果了解了说服最有利的条件，并在可能的时候把握好陈述的时机，对你的说服会有所帮助。

隐藏劝说的动机

把劝说的动机巧妙地隐藏其中，让被劝说者感到"意外"地获得了劝说的信息，可有效地增加信息的可信度。

有这样一种现象：越是禁止的东西，人们越感兴趣；越难得到的东西，也就越显得珍贵。为什么会出现这种现象呢？心理学家认为：人类有一种探究的本能，遇事都想知道究竟，以揭示其奥秘。就是这个本能激发了人们的好奇心，驱使人们去解开事物的真相。

在说服过程中，我们可以利用这个道理，通过制造悬念或者新奇的话题勾起对方的好奇心。在劝说别人的时候为了增强信息的影响力，就需要把劝说动机巧妙地"隐藏"起来，使对方产生放松戒备的心理，同时吸引对方的注意力。由于勾起了对方的兴趣，说服会变得更加容易。

有这样一个事例：一群孩子经常在一位老人家门前嬉闹，叫声连天。一段时间过去，老人觉得难以忍受了。于是，他出来给了每个孩子五块钱，对他们说："你们让这儿变得很热闹，我觉得自己年轻了不少，这点钱表示我的谢意。"孩子们很高兴，第二天仍然来了，一如既往地嬉闹。老人再出来，给了每个孩子四块钱。他解释说，自己没有收入，只能少给一些。四块钱也还可以吧，孩子仍然兴高采烈地走了。第三天，老人只给了每个孩子两块钱。孩子们勃然大怒："一天才给两块钱，知不知道我们多辛苦！"他们向老人发誓，他们再也不会为他玩了！

在这个故事里，老人为了达到孩子不再在他门前嬉闹的目的，在说服孩子的过程中采取了一些策略。他并没有先将自己的动机直接表达出来，而是通过改变孩子们的玩耍的动机，达到了自己的目的。

由此可见，在改变别人的态度时，可以使某种劝说信息保持一种神秘感，故意泄露一部分给被劝说者。根据逆反心理的特点，就可能引起人们对这一信息的重视，使他们毫不怀疑地接受它，进而正中自己的下怀，达到了说服对方的结果。

战国时，齐国宰相田婴想要在自己的领地内筑城，他的这个想法遭到了几乎所有门客的反对。门客们认为，实施筑城计划会引起田婴和齐国王室的摩擦，进而可能导致田婴失去政治权利。然而，田婴却固执己见。于是，他就对看门的仆役说："如果再有门客登门造访，一定不要让他们进来。"

果然，又来了一位门客。这位门客苦苦地向仆役恳求，并在门外大声地喊："我只说三个字，多一个字，我都愿受刀斧而死。"听他这样说，田婴破例接见了他。这位门客果然只对田婴说了"海""大""鱼"三个字，说完后，他转身就走。

田婴怎么也想不明白门客到底想要说什么。于是，他叫住那位门客，问道："你到底想说什么？"这位门客回答道："海里的大鱼很厉害，能够将钓住它的鱼线、渔网挣断、挣破，让人很难捉到它。然而，像这样厉害的大鱼，如果想离开水，到更加广阔的天空里去畅泳，恐怕只会被渴死。对你而言，你筑城是为了摆脱国王的束缚，拥有更加广阔的天空，但是同时，你也会失去齐王的有力支持，进而失败。"最后，田婴终于被这番话打动，打消了筑城的念头。

生活中，要想说服一个固执的人是非常困难的，其心理往往处于一种紧张、封闭的状态，正面去说服，很可能会像其他人一样碰钉子。相反，如果把自己的劝说动机隐藏起来，制造悬念引发对方的好奇心，利用转移对方注意力来缓解对方抗拒的情绪，让对方用心地听你讲，这些无疑是成功说服对方的前提。

想要说服别人，就要先勾起对方的好奇心。对方为了让自己的兴趣得偿所愿、满足自己的好奇心，面对你的任何想法，自然都能接受。要利用人们的这一特点来说服对方，要了解以下几个方面的问题，否则将徒劳无益：

1. 从改变外部因素着手

面对不可能直接说服的对象，从改变外部因素着手。就像上面故事里的老人，用钱将孩子们原本自娱自乐的玩耍变成为了钱而玩耍。之后一再改变钱的数额，导致孩子们的不满，最终达成了他最初的期望。要想说服别人改变当前的状态，就要让他明白地看到事情已经偏离自己内心最初的期望，期望降低时，人就会做出不一样的决定。

2. 在恰当的时候展现说服的目的

通过制造悬念或者新奇的话题勾起对方的好奇心，使对方放松心理戒备，并对你的问题产生兴趣。此时要把你的说服目的恰当地展开，并进行阐述。注意这个过渡要自然、贴切，不能给人以故弄玄虚的印象。

3. 不能脱离主题

在选择引起别人好奇心的事物时，要注意到它本身与要说服的事情相关联。否则，你制造的悬念成功了，却不能说明什么问题，给别人造成一种悬而不决的感觉，便失去了应有的意义。

总之，在说服他人的过程中，如果你能够成功地引起对方的好奇心，你就已经成功了一半。

第三章

有理有据，逻辑做伴

让人心服口服

引用典故可以增加说服的分量

典故大都是前人留给后辈的思想文化遗产。经典的文化内蕴博大精深，涉及方方面面的领域。

人们崇尚经典，那是因为经典的语言，常被后人视作明辨是非的指导；经典的人物，常被后人当作效仿的楷模；经典的故事，能给后人留下一部部助益无限的读本。人们崇尚经典之余，还喜欢运用经典。有了经典这种"武器"，无论是行为还是语言便都有了充实的依据。

有许多人在和别人说理时，为使自己的"理"能服人，便以引用经典的方法来补充自己的观点、立场的正确性，增加对手辩驳的难度。辩论也不外乎如此。我们将这种方法俗称为"引经据典，以理穿幽"。

所谓引经据典，就是在谈话中根据情况巧妙地引用典故警句、成语、歇后语、故事等形式，以达到叙事论理引人入胜、生动形象的说服效果。

任何一个说服者都希望自己的说辞能具有感染力和说服力。感染力和说服力来自发散型逻辑思维和妙语连珠的有机组合。引经据典正是以此来增加这种有机结合的分量。这种分量，在言简意赅地明晰自己的观点的同时，也能更坚定自己达到说服目的的信心。

一个温地人去东周都城，周人不准他进去，问他："你是外人吧？"温地人回答道："我是这儿的主人。"可是问他所住的街巷，他却说不上来。东周官吏就把他囚禁起来了。

东周国君派人问他："你是外地人，却自称是周人，这是什么道理？"他回答说："我小时候就读《诗经》，《诗经》里说：'普天之下，没有哪里不是天子的土地；四海之内，没有哪个不是天子的臣民。'现在周天子统治天下，我就是天子的臣民，怎么是周都的外来人呢？所以我说是这儿的主人。"东周国君听了，就命令官吏释放了他。

典故、名言、名句都是传统文化的精粹，蕴藏着丰富的思想内涵，有着以一当十的威力。说服者引经据典如能恰到好处，自然能加重说服言辞的分量，赢得说理的优势。

1938年春，国民政府军事委员会实行改组后，建立了军事委员会政治部，陈诚为部长，周恩来为副部长，郭沫若为第三厅厅长。李宗仁将军指挥的台儿庄战役取得胜利后，三厅为进一步激发全国人民的抗战热情，立即编了一本《抗战将军李宗仁》的小册子。

可是，由于国民党内部派系斗争的原因，陈诚竟命令不准散发，并借题发挥，专门发了个训令，声称："近查三厅所印各种宣传文件中，每有'人民''祖国''岗位'等字样，此等文字殊不妥帖。'人民'应一律改用'国民'，'祖国'改用'国家'，'岗位'改用'职分'。以后凡有对外文件，须经呈部核准之后再行印发。"

郭沫若为使这本宣传抗战、鼓舞士气的小册子顺利同广大读者见面，便向陈诚等提出质问："查中山先生生前文章已屡见

'人民'与'祖国'等字样，是否亦应一律改用'国民'与'国家'？"时时标榜自己为中山先生"信徒"的陈诚等人被责问得哑口无言，那个"训令"中的无端指责也就不攻自破了。

历史就是一面镜子，用历史的经验和教训作为论据，极富说服力。常言道，事实胜于雄辩，而那些经典历史篇章是经过时间考验与广泛评说的前人的实践，是具有压倒性征服力的。

汉文帝时，魏尚做云中太守。当时，匈奴人时常侵扰边塞，使北方诸郡不得安宁。魏尚任云中太守以后，开始整顿军队，积极抵抗，一时声威大震。匈奴人闻知魏尚智勇兼备，轻易不敢进犯云中。一次，匈奴的一支军队进入云中境内，魏尚便率军迎击，打退了匈奴的入侵。由于疏忽，魏尚在向朝廷报功时，多报了6个首级。汉文帝便认为魏尚冒功，撤销了他的职务，并让官吏依法治罪。大臣们都感到魏尚获罪有些冤枉，但是却无法解救他。

一天，文帝看见了做郎署长的冯唐，问他："你是什么地方人？"冯唐回答说："我是赵人。"文帝一听，便来了兴致，说："以前我听说赵国的将领李齐十分了得，巨鹿大战时，威震敌胆。现在，每当我吃饭的时候都想起他。"冯唐回答说："李齐远不如廉颇、李牧。"原来，赵国在战国时有很多良将，廉颇、李牧是当时十分著名的将军。文帝听后，叹道："可惜，我没有得到廉颇、李牧那样的将才，如果有他们那样的人为将，我就不担心匈奴了。"冯唐见时机已到，忙说："您即使得到像廉颇、李牧那样的将才，也不一定会用。"汉文帝十分惊诧地问道："你怎么知道呢？"冯唐回答说："古时候的帝王派遣将领出征，总是说'大门以内我负责，大门以外由将军治理'。军队里依功行赏，本来是将军们的事，由他们决定以后再转告朝廷。过去，李牧在赵国做将军，所在地的租税都自己享用了，赵王不责怪他，所以李牧的才智得到了充分发挥，赵国也几乎成为霸主。而当今，魏尚做云中太守，其所在地的租税收入，全部用来供养士卒，因此匈奴惧怕他，不敢接近云中的边塞。而陛下仅仅因为6个首级的误差，便将他下狱治罪，削掉了他的官爵。所以，我才敢说，陛下即使有廉颇、李牧那样的将才，也不能够很好地任用他们。"

汉文帝听了冯唐这些话之后，感触良深。当天，汉文帝就派冯唐拿着符节到云中赦免魏尚，恢复了他云中太守的职位。

在日常生活或处理事务中，引用典故时最好具体一些，这样会更有说服力。

据《贞观政要》载：唐太宗有一匹骏马，他特别喜爱，长期在宫中饲养。有一天，这匹马无病而暴死，太宗大怒，要把马夫杀掉。这时，长孙皇后劝谏道："从前，齐景公因为马死的原因要杀马夫，晏子控诉马夫的罪行说：'你把马养死了，这是第一条罪状；你使得国王因为马的原因杀人，老百姓知道了，必定怨恨国君，这是你的第二条罪状；邻国诸侯知道这件事，必定会轻视我们的国家，这是你的第三条罪状。'结果齐景公赦免了马夫。陛下读书曾读过此事，难道你忘记了吗？"

唐太宗听后，怒气全消，遂赦免了马夫。

现实是，唐太宗的马死了，太宗要处死马夫；历史上齐景公的马死了，要处死马夫，这是何等相似的事。长孙皇后巧妙地引用晏子谏齐景公这一史实，使唐太宗从愤怒中清醒过来，改变了自己错误的决定。

由此可见，在与人说理时引用典故是纠正对手、巩固自己观点的一种绝妙的手法。通过引用典故，让古人替今人说话，让经验为探求者开道。这种手法的妙用，不但能使对手心悦诚服，同时，也让自己更有信心、更有把握地沿着自己所持的正确想法去拓展。

让历史帮忙做说客

以史为鉴，于人可以知得失，于国可以知兴替。小到立身，大到治国，历史都是一面镜子。因此，在辩说中引用历史的经验和教训作为论据，极富说服力。

1937 年 10 月 11 日，罗斯福总统的私人顾问亚历山大·萨克斯受爱因斯坦等科学家的委托，在白宫同罗斯福进行了一次会谈。会谈的主要目的是，要求总统重视原子能的研究，抢在德国之前造出原子弹。

萨克斯先向罗斯福面呈了爱因斯坦的长信，接着读了科学家们关于发现核裂变的备忘录。然而，总统对这些枯燥、深奥的科学论述不感兴趣。虽然萨克斯竭尽全力地劝说总统，但罗斯福在最后还是说了一句："这些都很有趣，不过政府若在现阶段干预此事，似乎还为时过早。"这一次的交谈，萨克斯失败了。

第二天，罗斯福邀请萨克斯共进早餐。萨克斯十分珍惜这个机会，决定再尝试一次。

一见面，萨克斯尚未开口，罗斯福便以守为攻地说："今天我们吃饭，不许再谈爱因斯坦的信，一句也不许谈，明白吗？"

萨克斯望着总统含笑的面容说："行，不过我想谈一点历史。"因为他知道，总统虽不懂得物理，对历史却十分精通。

"英法战争期间，"萨克斯接着说，"在欧洲大陆一往无前的拿破仑，在海战中却不顺利。这时，一位年轻的美国发明家罗伯特·富尔顿来到这位伟人面前，建议把法国战舰上的桅杆砍断，装上蒸汽机，把木板换成钢板，并保证这样便可所向无敌，很快拿下英伦三岛。但是，拿破仑却想，船没有帆就不能航行，木板船换成钢板船就会沉没。他认为富尔顿是个疯子，把他赶了出去。历史学家在评价这段历史时认为，如果拿破仑采取了富尔顿的建议，19 世纪的历史将会重写。"

萨克斯讲完后，目光深沉地注视着总统。他发现总统已陷入了沉思。

过了一会儿，罗斯福平静地对萨克斯说："你胜利了！"萨克斯激动得热泪盈眶，他明白胜利一定会属于盟军。

萨克斯的借古谏君术大功告成。

杜坦是西晋名将杜预的后代。西晋末年，中原战火四起，民不聊生，杜家为避战乱来到河西，投靠了前凉张轨政权，后来前凉被苻坚攻灭，杜氏又辗转于关中一带。

公元 417 年，宋武帝刘裕灭后秦，杜坦兄弟便随即渡江，来到南方。当时，南方实行士族制度，渡江较早的，地位极高。晚来的士族，尽管其祖辈在北方是名门世家，朝廷也不给他们优厚的待遇。他们之中的杰出人才，也不可能进入上流社会。

一天，宋武帝与杜坦在一起闲谈，武帝说："可惜呀，现在再也找不到像金日那样的人才了！"杜坦答道："金日生于今世，也只不过能养马，怎会被委以重任呢？"

宋武帝闻听此言，马上变了脸色："卿为什么把朝廷看得如此之薄？是说我不重视人才吗？"

杜坦说："那就以我为例吧。臣本来是中原的名门，世代相承。只不过因为南渡较晚，便受到冷遇，更何况金日是胡人，在汉朝时只不过是一个养马的人呢？"

宋武帝一时无言以对。

唐朝的尉迟敬德依仗自己是开国重臣，骄狂放纵、盛气凌人，招致同僚的极大不满，甚至有人告他谋反。

李世民知道后，问尉迟敬德是否当真，敬德回答："臣跟随陛下讨伐四方，身经百战。如今幸存者，只有那些刀箭底下逃出来的人。天下已经平定，反而怀疑起臣下会谋反吗？"

说着把衣服脱下扔在地上，露出身上的累累伤痕。李世民感动至极，只得以好言好语安慰一番。但是，敬德的骄纵狂妄却一点也未有所收敛。

一天，尉迟敬德在太宗举行的宴会上与人争论谁是长者，一时火起，居然打了任城王李道宗，弄瞎了李道宗的一只眼睛。皇上见敬德如此放肆，十分不悦。

事后，李世民单独召见了敬德，语气严厉地告诫他："朕的确想和你们同享富贵，然而你却居功自傲，多次冒犯别人。你难道不知道古时韩信为何被杀吗？在朕看来，那并不是高祖的罪过！"

敬德这才害怕了，以后做事便虚心、本分了许多。

引用史实可以充分发挥历史事实、典故无可辩驳的说服力，生动形象而且引人入胜，有助于人们从中得出结论。

值得注意的是，所用事例要避开那些已被广泛应用的材料，那样会让人觉得平淡无味，丧失兴趣，当然也达不到预期的效果。

以利益为说服导向

相信你一定经历过在说服别人或想拜托别人做事情时，不管怎样进攻或恳求对方，对方总是敷衍应付，漠不关心。这时你首先要消除与对方心理上的隔阂，然后再说服引导。在推销方面，推销员为了唤起顾客的注意，并达到80%的购买率，往往是先引导，后说服。

在英国工业革命方兴未艾时，以发明发电机而闻名的法拉第，为了能够得到政府的研究资助，去拜访首相史多芬。

法拉第带着一个发电机的雏形，非常热心并滔滔不绝地讲述着这个划时代的发明，但史多芬的反应始终很冷淡，一副漠不关心的样子。

事实上，这也是无可奈何的事情，因为他只是一个政客，要他看着这种周围缠着线圈的磁石模型，心里想着这将会带给后世产业结构的大转变，实在是太困难了。但是法拉第在说了下面这段话后，却使原本漠不关心的首相，突然变得非常关心起来，他说道："首相，这个机械将来如果能普及的话，必定能增加税收。"

显而易见，首相听了法拉第所说的话后，态度突然有了巨大的转变。就是因为这个发动机，将来一定会获得相当大的利润，而利润增加必能使政府得到一笔很大的税收，而首相关心的就在于此。

是的，通常我们行动的目的都是"为自己"，而非"为别人"。如果能够充分理解这一点，那么想要说服他人就有如探囊取物般容易了。只要了解对方真正追求的利益，进而满足他的要求，便可达到目的。但是，将这条最基本要件抛于脑后的却也大有人在。他们没有满足对方最大的利益，一心一意只是想要满足自己的私欲。

某酒厂的负责人成功研发了新型水果酒，为求尽快让产品打进市场，于是他决定说服社长批准进而大量生产。

"社长，又有新的产品研发出来了。这次的产品是前所未有的新发明，绝对能畅销。连我都喜欢的东西，绝对有市场性。我敢拍胸脯保证。"

"什么新产品？"

"就是这个，用梨汁酿制的白兰地。"

"什么？梨汁酿的白兰地？那种东西谁会喝？况且喝白兰地的人本来就少，更甭说用梨汁酿的白兰地……就是我也不会去喝。不行！"

"请你再评估评估，我认为很可行。用梨汁酿酒本来就不多见，再加上梨子有独特的果香，一定很适合现代人的口味。"

"嗯，我觉得还是不行。"

"我认为绝对会畅销……请您再重新考虑一下。"

"你怎么这样唠叨？不行就是不行。"

这样的劝说不仅充分显露不顾他人立场的私心，还打算强迫他人赞同自己的意见。

"好歹也要试试看才知道好坏，这是好不容易才研发出来的呀！"

"够了，走吧！"

最后，社长终于忍不住发火。这位负责人不仅没能说服社长，反而砸掉了自己的名声。

碰到这种情况，别人只会感觉："瞧他口气，根本是个主观主义者，只会考虑自己的家伙，还想把个人意见强加于别人！"如此一来，怎么可能赢得说服的机会呢？因此，无论如何，你都应该考虑以对方利益为出发点的劝说方式。

说服他人要以理服人

说服不等同于压服，而是让人心服。想要达到这样的目的，自然先要将道理摆出来，做到以理服人。

想要说服别人，最好的方法是针对具体问题，摆事实、讲道理，以理服人。如果靠一味地说教是难以奏效的。

自古以来，"动之以情，晓之以理"是劝导说服别人的最基本的两条原则。以理服人就要以事实为根据，阐明其中的道理，让对方从你讲的道理中认识到其正确性，从而接受你的观点，按照这种观点行事。

但要注意的是讲道理要针对要害，否则，喋喋不休，磨破嘴皮，也是隔靴搔痒，不能解决问题。因为，但凡处在被说服者的位置，往往是因为对某一问题有心结，想不开。所以，劝导说理一定要具体实在，既不能说空话、套话、大话，东拉西扯，也不能像做报告那样滔滔不绝，重点是实在的论证说理。

有这么一个故事：

春秋时期，鲁国人公输盘为楚国造了攻城的机械——云梯，楚国准备借用它来攻打宋国。墨子听说这个消息后，就立即从鲁国动身，一连走了十天十夜，方才赶到楚国，拜会公输盘。

公输盘很客气地问："先生不远千里而来，有何见教？"

墨子故意说："北方有人侮辱我，我想借助您的力量杀了他。事成之后，我送您二百两黄金。"

公输盘听了以后很不高兴，断然拒绝道："岂有此理！我是讲仁义的，怎么能随便杀人呢？"

墨子因公输盘还自称是讲仁义的，便反驳他说："请允许我向您进言。我从北方听说您造了云梯，要拿去攻打宋国，可是宋国有什么罪呢？楚国多的是土地，缺少的是人。发动战争来杀害自己所缺少的人，而争夺自己已经足够了的土地，不能算是聪明；宋国没有罪，却要去攻打他，不能算是仁爱；懂得这个道理，却不据理力争，不能算是忠诚；争论达不到目的，不能算是坚强。杀一个人认为不义，却去杀许多人，恐怕也不能算会类推事理。"

墨子从不智、不仁、不忠、不义等方面发出一连串具有针对性的词语，气势逼人，公输盘无从辩解，只得承认自己错了。

由此可见，以理服人，不但可以让人心悦诚服，还可以修身齐家治国平天下。给人以一片真心，那么对方就会回你一腔真诚，正所谓"投桃报李"。俗话说：势服人，心不然。理服人，方无言。如果用权势和武力去驱使别人接受你的意见，虽然对方可能会暂时屈服，但也会因此怀恨在心，伺机报复。以理服人，才能够使对方从心里佩服你，进而与你和睦相处。

说服他人时，切忌产生争执，"说"的目的是要达到让对方心服口服的效果。争执产生的基础是把个人成见当作说服依据，人普遍易犯的错误有两个：以己贬人和以己度人。要想以理服人，首先就要摒弃个人喜好，客观地对待对方的观点，按照他的思路分析，找出矛盾，再间接地提出自己的观点就更能以理服人。在整个说服过程中要尽量做到尊重他人，这样你的建议会更容易被他人所接受。

一次，唐代著名谏臣魏徵直言进谏，使唐太宗感到很难堪，太宗不由得对魏徵很是愤恨，回寝宫后，仍愤愤不平地说道："总有一天我要杀了那个乡下佬。"

长孙皇后听后，深感不安，便对太宗说道："曾听说陛下器重魏徵，只是不知其中缘故。今天听起陛下说魏徵直谏的事，此人果然能以大义劝止陛下感情用事，可称得上国家正直之臣！妾与陛下结发为夫妻，承蒙礼遇，情意深重。然而每当说话时还要观察陛下的脸色，不敢轻犯威仪，何况是臣下情疏礼隔呢？触犯龙颜是危险的，因此古时韩非曾说'说难'，东方朔也叹'谈何容易'，都是很有道理的。自古忠言逆耳，良药苦口。掌握国家的人以国事为重，听取忠言就会使社会安宁，拒绝忠言就会使政治紊乱。陛下详察其中道理，那么天下就幸运了。"

长孙皇后的话使唐太宗顿时醒悟，以后对魏徵更加器重。魏徵死后，他深感悲痛，亲临魏徵灵堂恸哭，追赠他为司空。

长孙皇后有理有据的劝导，不但化解了唐太宗的怒气，而且也使他最终改变了心意，从而免去了一场可能到来的悲剧。

以上事例共同说明，以理服人就要出言有据，事实确凿。为此，在实际应用中要注意以下几点：

1. 说理要透彻，举例要恰当

你的观点是否可信，取决于你所说的道理是否可信，你所说的事实是不是符合逻辑。这就需要在说服中针对实际的问题列举一些有说服力的事实，有理有据方能被他人所接受。

2. 了解对方观点，不以偏概全

在说服他人前，要对对方所持观点的依据有所了解，客观分析，不主观地全盘否定对方，因势利导、循循善诱是整个说服过程的指导原则。

　　总之，以理服人，并不是有理就能服人。要别人接受你的"理"才是最重要的，要善于运用一些技巧，用真心打动他人。

巧妙运用生动描述

　　客户遇到的业务员所讲的内容大同小异的话，通常只能用比价的方式来选择，这应是业务员最不想看到的结果。所以销售时除了要提供足够的信息，也要注意尽可能多用实例来辅助说明，让产品介绍变得更加生动，才能让自己的介绍跟别人不一样，也更有吸引力。

　　为了给购买者更多的直观感受，增加买者购买的决心，销售人员就必须注意对商品的描述。而且好的商品描述也可以避免商品销售过程中的很多不必要的麻烦。要想使顾客产生购买的欲望，光给顾客看商品或进行演示是不够的，因为要打动的不是顾客的眼睛而是顾客的心，因此必须加以适当的"劝诱"。

　　生动的商品描述语言，除了可以让消费者了解到商品的使用方法、商品的独特之处外，还能感受到卖家的品位以及商品的艺术之美。在商品质量相同的情况下，这样的商品描述更能打动消费者的心。

　　有位室内空调机的销售人员，他从来不会滔滔不绝地向顾客介绍空调机的优点如何。作为多年的销售人员，他深知，人并非完全因为东西好才想得到它，而是自己要先有需求，才会觉察到东西好。如果没有需求，东西再好，他也不会产生兴趣。因此，他在介绍空调产品时会这样跟顾客说："在如此炎热的季节里，忙碌了一天。当您下班到家后打开房门，您希望迎接您的是一间更加闷热的蒸笼吗？您刚刚抹掉脸上的汗水，在额头又渗出了新的汗珠。打开窗，但没有一丝风；打开风扇，却是热风扑面。您是不是感觉本来疲惫的身心更加难受了呢。可是，您想过没有，假如您一进家门，迎面吹来的是阵阵凉风，那该是一种多么惬意的享受啊！"

由上面这个故事可以看出，销售过程中，介绍产品的每一个环节，都有其特定的目的和使命，你不能仅以产品的各种功能为限，这样做难以使顾客动心。要使顾客产生购买的念头，你还必须在此基础上用不同的语言结构进行生动描述，这样使产品更加吸引人。但一旦说错了，起到的很可能是反效果，赶走原本想买的顾客。

当客户问及产品相关的问题时要对答如流，千万不能够对自己的产品表现出陌生，否则就无法获得客户对产品和销售人员本身的信任。所以，只有掌握了足够的产品信息做后盾，销售员才能为客户打造使用产品后的美好画面，进而说服客户启动购买力。

对于销售人员而言，能否把产品的信息有效地传达给客户，是销售能否成功的一大关键，这就要求销售人员对所销售的产品有所了解。那么该如何才能使自己的商品描述达到最佳的效果呢？对于商品的描述通常包含以下的几个内容：

熟悉商品的基本和详细信息，以免在描述时勾勒出没有事实根据的虚幻形象。在为客户介绍自己的产品时，要明确知道自己描述的目的是为销售的产品或服务锦上添花，所有的描述也要以商品的基本资料、详细信息为基础，而不是仅凭想象勾勒出没有事实根据的虚幻形象，以免招来顾客日后的怨恨。

要突出重点和要点。销售用语的重点类似于推荐和说明，如果你推荐商品时仅仅强调"价廉物美"没有太大说服力，还应该详细、具体地描述一下价廉到什么程度，物美又是从何表现出来的。因此，在接待顾客中，不但要抓住重点，还要突出要点，以激发顾客购买的欲望和兴趣。

要注意描述中语言表达的顺序和逻辑性。在对商品的介绍和描述中，要把握好说话的条理性、层次性，准确、清晰地向客户表达自己的意思，让客户能有一种亲临其境的感受。比如只说"好听"，只是笼统的明白好听，怎么好听就不能准确感知。如果换个词说"余音绕梁"，那么对于好听的程度便很容易理解了。因此，在销售中，只要话说到位了，成交也就不是什么难事了。

用比较来说明和描述商品。如果在向客户介绍商品时，配以比较和类比的方法，客户就更容易加深印象。比如"液晶电视比一般电视保护眼睛""空调比电风扇凉爽多了""高压锅比炉灶炖肉要快得多"等，这样一比较，人们对这些商品的印象就会加深。

对商品的说明和描述要秉着客观的态度，实事求是地进行描述。不能夸大其词，对其功用不能胡乱吹嘘。一时的夸张描述可能暂时推销出商品，但并不是长久之计，时间久了，自然也就一目了然了，最终受损失的还是自己。

总之，要想在销售中打动客户心的最有效的办法就是要用形象、细致的描绘再配合以生动的说明，这需要在实际的工作中慢慢琢磨和掌握。

让自己看起来像个"大人物"，别人会觉得为你办事踏实

办事时，如果你想让别人重视自己，就要有一些让人信任的表现。在人们的心目中，"大人物"总是比平民百姓容易让人信任。不管"大人物"出现在哪里，人们总是对他们特别信任。所以，为了使自己办起事来更为顺利，不妨做个修饰，使你自己像个"大人物"。你可以参考下面的做法：

1. 你要显得充满信心

为了使你显得出类拔萃，你可以常用肯定的表情，常微笑而不常皱眉，常开怀大笑而不常阴险冷笑。说话时不要吞吞吐吐，因为这让人觉得你不够坦率，欠缺潇洒。要常提对方的姓名，给人亲切感。让别人多谈自己，这是人们最喜欢的话题，对方也会因此而喜欢你。要学会尊重别人，要同情别人的困境，使别人不会难堪。要学会不嫉妒别人，显示你有宽阔的胸怀。会调侃自己是对自己有信心的表现。平常要多运动，使你精神饱满，头脑灵活。你还要相信自己一定会成功，不会甘心一辈子只当个小角色。要注意服饰，例如配上鲜艳的领带，配点小装饰，这些都让人觉得你很醒目。要让自己身上散发出似有似无的某种清香，例如刮完胡子后，擦点某种润肤水。人的嗅觉是很灵敏的，而且对人的感觉影响比较大，所以你身上若散发出某种清香，可给人留下深刻的印象。走路时要抬头挺胸，显得很自信。讲问题时可以卖卖关子，别一下捅破，让别人来问你。有条件的话学一门专长，如精通某一段历史、会演奏某种乐器等都是出众的本钱。最起码你要说话清楚，别让人觉得你老是喃喃自语，也别常带口头语。

2. 要诚恳地对待别人

你要知道，实话也会伤人，所以说实话也要讲究技巧。要信守诺言，尽量不言而无信。前提是许诺要慎重，不轻易放弃原则。要有自己的见解，若人云亦云，别人不会认为你很真诚。要平等对待别人，无论是谁都要给予尊重。如果你对上司摇头摆尾，对下属却摆出一副冷面孔，人家会怎么看你？不要装模作样，这很容易被人看穿。要以本色示人，不要怕承认缺点，敢于面对自己的弱点，最易赢得别人的信赖。

3. 注意细节修饰

为了使自己看起来更向"大人物"迈进一步，你还必须注意服装配饰等细节问题。如果一套笔挺的西装，里边却有一个脏的衣领，对方一定不会感到舒服。袜子也是一样，你坐着与人谈话时，脚会不自觉地伸出去或翘上来，袜子也就会暴露在人前。如果不干净、不整洁，就会让人反感。

头发、牙齿、胡子也是应该经常修饰的部分。头发一定不要过长，否则就容易乱、容易脏。要按时理发，使自己的头发保持一个精神的式样。胡子要经常刮，牙齿要经常刷，口中不要有异味，尤其在出去谈判时一定不要吃有异味的食物。这么认真苛刻地对待自己的外表，也是你对对方的一种尊重。

如果你与对方谈判或请对方为你办某件事情时，衣衫不整、头发蓬乱，会让对方会感到不舒服。对于自己的细节要时时注意，因为这些细节蕴涵着丰富的内容。比如，公文包、钢笔、笔记本、名片夹、手表、打火机等最好都要讲究些。

总之，尽可能地采取一些措施，让自己看起来像一位很有作为的人，然后你再同别人办事时，就有了很大的把握和胜算。

第四章

高效率的逻辑说服术，

左右对方的思考和行动

"怎样说"比"说什么"更重要

要想说服别人，说话的方式比所说的内容更为重要，也就是说"怎样说"比"说什么"更加重要。因为相同的意思，用不同的表达方式说出来，其效果是不一样的。

一个人的说话方式，可以决定与别人的谈话成功与否。可能会从正面，也可能会从反面去影响人们对其个人综合素质的评价。因此，不论你从事何种性质的工作，与人交谈的方法是促成成功的关键。通常情况下，怎么说远比说什么更重要。

说服别人，与别人沟通中关键不在于你说了什么，而在于你用怎样的方式说，对方对你的表达有什么样的感觉。所以，在语言表达时选择什么样的说话方式就显得很有必要了。因为不同的语气和语调，留给对方的感觉也不一样。不论你接受与否，外界对一个人的判断，并不是看他的常识或话语多少，也不全看他讲话内容的好坏，而更多关注的是他讲话的方式。

曾经有人说："一个喜欢大声嚷嚷的人，很难让别人明白他究竟说些什么。"因此，说话时不注意说话方式、言词没有分寸的人，往往徒劳无功，甚至会造成无法挽回的后果。

有一个公司在年底的时候准备召开全体员工大会，对年度工作做一个总结。为了保证会议顺利召开，秘书处的全部人员集中在会议室，研究讨论会议的相关文件。

　　首先讨论的是秘书长给经理写的年度总结报告。秘书长不愧是公司办公室里的第一支笔，报告写得洋洋洒洒，声情并茂，令人振奋。但在征求意见阶段，秘书小周认为秘书长的报告中因采用的统计方法不正确导致多处数据不准确，直截了当地提出了自己的看法。而秘书长认为他采用的这些数据都是下属各个单位报上来的数据，根本不存在问题。小周自恃自己的统计学专业优势，坚持自己的观点，惹得秘书长很不高兴，脸越拉越长，说了一声"大家先休息一下"，就端着茶杯出去了。

　　趁休息期间，秘书处的老秘书张大姐过来和蔼地提醒小周说："小周，要注意一下你提意见的方式，当着这么多人的面，用这么理直气壮的语气指责秘书长错了，就像说秘书长'无知'一样。即使你的意见是对的，也应该注意说话的方式。你要知道用什么方式说话，永远比说些什么更重要！"

　　显然秘书小周对于说服沟通的表达技巧还不熟练，说话的目的不是单纯地证明对与错，而是为了让对方认同自己的观点，达到说服对方的效果。在这个过程中，说话的方式最重要，如果表达的方式不对，即使你说的内容是真理，也让人很难接受。所以说，"怎样说"比"说什么"更为重要。

　　话是说给别人听的，并不是自己说完了就好。在很多社交场合里，你说话的内容固然是出自真心地想为别人好，但是如果用错了表达方法，那你所表达的意思、情感到了别人耳朵里，就可能与你的初衷背道而驰了。下面这个例子也许能说明这个问题：

　　一日，在某药房出现这样的情景，有一位男士十分痛苦地用手捂着牙痛部位，询问营业员是否有治疗牙疼的速效药。营业员找出一种药后告诉男士："这是很多癌症和术后患者最有效的止疼特效药，治疗癌痛效果很好。"男士听后勃然大怒："你咋这么卖药，我是牙疼，又不是癌痛，推荐这种药诅咒我吗？"那位男士当时就愤然离开药房。

那位营业员其实是想强调那种药治疗疼痛的效果好，但因为表达方式犯了人们的忌讳，所以惹得那位男士怒气冲冲。如果那位营业员懂得说话的技巧，也许就不会有这样的误会产生了。

在我们的生活中，不能避免与别人交流。懂得说话方法的人，更容易被别人所接受，自然能在社会交往圈里获得声誉。这些都会成为成功说服别人的必要基础。好的说话方式与哪些方面有关系呢？

1. 说服别人时的态度很重要

在做说服沟通时，表达时的态度可以直接影响别人对你的看法，关系到你最后的说服成果。如果与他人谈话时态度傲慢，很可能会引起对方的反感，因而导致其逆反心理，最终很难达到你想要的效果。如果用过分示弱的态度又会被他人所忽视，你的想法不会被别人所重视。所以在说服中保持自然、开朗的态度，一方面接受别人的意思，另一方面针对别人的想法给予启发和指引，从而达到说服的目的。

2. 讲话的语气、节奏

在整个说服过程中，恰到好处控制自己的语气和节奏，不仅能充分地表达说话的意图和情感，而且还能使所说的内容充满感染力。有两个方面要注意：

一是不能根据个人的好恶去随意改变说话的语气，因为每个词用不同的语气表达就会产生不同的意思。比如："讨厌"这个词，如果你用生硬的口气讲出来，就说明你很不喜欢对方，如果是男女情侣之间温柔地表达这个词，那意思就是喜欢了。所以，要尽力避免可能会出现的歧义现象。

二是要把握好说话的节奏。如果你不能正确把握说话的节奏，对方也许就没办法弄清楚你想要表达的意思。在该强调重点的时候，节奏一定要稳，要明确地表示出来，而不能含糊其词，一掠而过。

总之，只有充分掌握了说服他人的语言艺术，运用恰当、合适的表达方式，才能做到事半功倍，在很短的时间内让他人接受自己，从而达到自己想要的说服效果。

先抬高对方，再进行说服

抬高别人区别于阿谀奉承、讨好卖乖之类的庸俗言行，它必须是针对对方的实际，把好话说圆，给人以真诚感，令对方心悦诚服。因此，它是人际交往中一种常用的说服技巧，如果运用得当，对促进人际交往会有意想不到的效果。

人人都希望被尊重，被夸赞。要想改变一个人某方面的缺点，你要表示出他已经具有这方面的优点了，那么他就会顺着这个观点往好的结果行事。如果你想说服一个人改变自己的想法，就应先肯定对方想法，给对方一些赞扬，此后他会格外珍惜这份肯定，从而会不断激励自己要做得更好。

有位太太想聘用一位家政，便打电话给那位家政的前任雇主，询问了一些关于她以前的情况，可得到的评语却是贬多于褒。等到家政报到的那一天，那位太太说："我打电话问了你的前任雇主，她说你为人老实可靠，而且还煮得一手好菜，唯一的缺点就是理家比较外行，家里弄得不太干净。我想她的话并不能完全相信。看你穿戴那么整洁，人人都可以看得出你一定会把家弄得和你一样整洁、干净，并照顾得井井有条。相信你同我也能相处得很好。"

事实证明，她们相处得的确很好，家政真的把家整理得干干净净，整整齐齐，而且还非常吃苦耐劳。

你若要在某方面去改变一个人，就把他看成他已经有了这种杰出的特质。莎士比亚曾说："假如他没有一种德行，就假装他有吧！"

给他们一个好的名声来作为努力的方向，他们就会不计前嫌，努力向上，而不愿看到你的希望破灭。

而对于那些有声望的人，想要成功说服他，更要学会先抬高后说服的策略。

古代，有位宰相请理发师给他修面。那理发师修面修到一半时，忽然停下刮刀，两眼直愣愣地看着宰相的肚皮。

宰相见理发师傻乎乎发愣的样子，心里很纳闷：这平平板板的肚皮有什么好看的呢？就问道："你不修面，却看我肚皮，这是为什么呢？"

"听人们说，宰相肚里能撑船，我方才看了看，大人您的肚皮并不大，怎么可以撑船呢？"

宰相一听，哈哈大笑。

"那是比喻，讲宰相的度量十分大，能容天容地容古今，对鸡毛蒜皮的小事从不斤斤计较。"

理发师一听这话，心里的一块石头终于落了地，这才"扑通"一声跪倒在地，哭着说："小人该死，方才修面时不小心，将大人您的眉毛刮掉了，万望大人大德大量，恕小的无罪！"

宰相听说自己的眉毛被刮了，不禁怒从心起，正想发作，转念一想：刚才自己还讲宰相的度量很大，我又怎好为这小事给他治罪呢？于是，只好说："不妨，用眉笔把眉添上就行了。"

聪明的理发师以曲折迂回之法，层层引导宰相进入自己早已设定的能进难退的"布袋"中，避免了一场驾临头上的灾难。

合理地抬高别人，会让其心情愉快舒爽。所以，在说服别人的过程中，最好能抓住对方引以为豪的长处加以赞赏，必然会因此得到他的好感。要说服他，或者请他帮忙也就不再是困难了。

要说服一个人，最好先把他抬高，给他一个超乎事实的美名，就像用"灰姑娘"故事里的仙女棒，点在她身上，会使她从头至脚焕然一新一样。因为给予他人一个美名，有时胜过长篇大论。

抬高别人，就是对别人的能力和品格进行美化，这是说服别人必备的细节。如果要发自内心地真诚赞扬，那就要求自己要善于体察人心，能了解对方最迫切的需求，有针对性地进行抬高和夸赞，那么对方也会礼尚往来地善待你。如果掌握不好，就会弄巧成拙。具体可以参考以下几点：

1. 抬高对方，要结合对方的实际

适当地抬高对方自然有好处，但不能信口开河，肆意吹捧，要结合对方的实际，因人而异。

比如：对于经商的人，用经营有方、人际广泛来抬高他，他一定乐于接受。

2. 尊重对方也是一种抬高

只要是正常人都会有自尊心。要是希望对方心甘情愿地认同你，接受你的观点，首先就应该处处重视对方的自尊心。在整个说服过程中，要尊重对方的想法，即使它存在不足，也要在言语中表示足够的尊重，而不能刻薄地直指其中的错误。只有你尊重别人时，别人才会以尊重的态度对待你。有时甚至要抑制自己的好胜心，借以成全对方的好胜心。

3. 满足对方的成就感

即使对方可能没有什么值得拿出来炫耀的事情，也要对他这个人本身表示肯定。在交谈中用赞许的口吻，选取对方认为最欣慰和自豪的人和事，大加赞赏。假使连这些也找不到的话，就不妨结合对方的特点假设一个优点加在对方身上。

比如："你眼睛真好看，跟某电影明星一样""你笑起来真亲切，像我的家人一样"等来成全对方的成就感，对方就真的会认为自己的眼睛像明星的一样或他就像你的家人。因此，对方就不会对你产生抗拒，从而达到自己说服的目的。

从对方最得意的事情上寻找说服突破口

从对方得意的事情说起，顺着对方的心意，不可逆犯对方的忌讳和尊严。不然，不但达不到目的，反而会使自己处于尴尬的局面。

要想赢得对方的好感和认同，达到说服效果的最佳突破，就得从对方感兴趣的事入手。谈对方感兴趣的事，对方一定是很乐意的。而且可以因此把两个人情感上的距离接近许多，这是打破僵局、说服别人的捷径。

每个人都希望别人认可自己，喜欢得到别人的重视和关心。如果在谈话时你能巧妙地谈到对方自己，提及他得意的事情，他肯定会对你有好感，甚至视你为知己。因此，无论是与朋友还是客户交谈，多谈一谈对方的得意之事，这样容易赢得对方的赞同。如果恰到好处，他肯定会高兴，并对你心存好感。

　　杨先生是一位公司经理，身高一米八，英俊帅气。由于业务关系，他经常与台湾商人打交道。

　　有一次，在一个知名的展览会上他遇到了一位女台商。杨先生马上走过去，和她热情地打招呼，交换名片。拿过来一看，她叫林静玉，便立刻说道："林小姐，你这名字起得好。"

　　女台商问他："我的名字有什么好？"

　　杨先生说："你看，林静玉，跟林黛玉就差一个字，比她还文静，其实你长得也像你们台湾的一位电影明星。"

　　女台商兴趣大增，接着问："我像谁？"

　　杨先生认真地回答："特别像林青霞。"

　　"哎呀，还真有不少人说我像林青霞呢。"女台商高兴地接受了杨先生的判断。

　　这时，杨先生说出了聪明才智的一句话："你们林家怎么尽出美女呀！"

　　听后，林静玉咯咯地笑个不停。后来，他们成了好朋友，彼此成功地合作过许多项目。

　　从上面的故事中我们不难看出，适时地从别人最开心的事情谈起，引起对方的荣耀感，杨先生不但成功取得业务上的拓展，还因此得到了一份友谊。事实上，每个人潜意识里都会有一种虚荣心，都愿意被人夸赞，这样的说服方式是很容易让对方接受的。

　　每个人都有一些自己认为值得纪念的事。如果能预先打听清楚，在有意无意之间，很自然地讲到他得意的事情，只要他对你没有厌恶的情绪，只要他没有其他不如意的事情，在情绪正常的情况下，他一定会高兴地听你说的，当然此时说服他就容易得多了。

　　因此，在说服别人的时候，你可以先扮演一个捧人的角色，了解对方特别的爱好或是开心的事情，在关键的时刻提一提，让对方知道你对他的关注和重视。这样，你在展开说服的时候，才不会遭到抗拒。

比如，一个人给你看了他小孩的相片，你就要顺势夸夸他的小孩。反之，你没有任何表达地放回原处，对方肯定会不高兴。如果有人升职了，第二天见到他，用最新的头衔称呼他，再夸赞一下他的能力，以及拿自己或别人的现状做对比，对方一定乐于接受。

你在说服的时候当然要注意技巧，表示敬佩，但不要过分推崇，否则会引起他的不安。对于这件事情的关键，要慎重提出，加以正反两方面的阐述，使他认为你是他的知己。到了这种境地，他自然会格外高兴，会亲自讲述，你应该一面听、一面说几句表示赞赏的话。如此一来，即使他是个冷静的人，也会变得和蔼可亲，你再利用这个机会，稍稍暗示你的意思，进行试探，作为第二次进攻的基点。

不过要从哪里去探听对方得意的事情？试着在你的朋友之中找一下有否与对方交往的人，向他探听当然是最容易的。如能平日记牢关于对方的情况，到时便可以应用。

此外，随时留心交际场合中的谈话，像这些时候谈到对方得意的事情，也是很平常的。但是必须注意，对方得意的事情，是否曾遭到某种打击而消灭，如有这种情形，千万别再提起，以免引起对方不快，反而对你不利。

不过当你提出请求时：第一，要看时机是否成熟；第二，说服过程中要不卑不亢。过分显出哀求的神情，反而会引发对方藐视你的心理。尽管你的心里十分着急，但说话表情还是要表现大方自然，不要只为自己打算，而是要说出为对方着想的理由来。

总之，说服别人并不难，关键在于怎样让对方接受你。抓住时机，适时切入对方爱听的话，自然让对方心花怒放，不会再刻意保持距离。

让对方扮演高尚的角色

人们都希望自己是善良的受人尊敬和被人喜欢的。而借助于这种高尚动机，让对方去扮演高尚的角色，使人们产生一种使自己的行为与对方评价的角色效果相一致的欲望，再多一份鼓励和信任，辅之以适当的疏导，对方就会尽量克服自己的弱点去迎合你的观点。

每个人的行为都会有一定的理由，在自己看来这样做一定是很好或者是的确很好。每个人在内心深处都会将自己理想化，都喜欢为自己的行为动机寻找一个完美的解释。所以，如果想说服别人改变自己的想法，那么就需要激发他的高尚动机，赋予他一个高尚的角色。

有一位公司的高管，为了让客户对自己的工作有更深的了解，会为他们收集一些资料。他还常常会送书给员工，希望能让员工的工作想法如同自己的一句话："努力赚钱，是为了有能力去做善事。"这样，他的员工们便能从做善事的角度上消除工作的疲劳和抱怨，满足了他们潜在的高尚的动机。这样，那位主管便轻而易举地将集体的斗志带到最高点。

石油大王洛克菲勒极不喜欢摄影记者拍摄他子女的照片，便对记者们这么说："你们也是有孩子的人，一定了解我的感受。你们一定也知道，太出风头对小孩子是很不好的。"洛克菲勒巧妙地用同理心给记者们设计了一个"不愿伤害孩子"的高尚角色，并让大家在这样一个角色里不可能再对孩子进行骚扰。

由此可见，每个人都很容易受到别人所给他的"角色"的影响。因为，人们的内心都是理想主义，比较喜欢别人给予的高尚角色，从而使自己的自尊心得到满足。于是，便不得不按照你为他设计的"角色"去行动，也就是说，他一旦愿意受到这个角色的约束，便很容易被你说服。

这种说服方法在秦朝时已经得到应用。

有一次，秦始皇因某事与大臣中期发生了激烈的争论，但没有争赢。而争赢了的中期竟然连一句客套话都没有就大摇大摆地走了。

争强好胜的秦始皇觉得脸上无光，不禁勃然大怒。秦始皇的暴戾专横是出了名的，他要杀一个臣民就像捏死一只蚂蚁那样容易。因此，许多大臣都为中期捏了一把汗。这时有个大臣想救中期，赶紧出来打圆场。

他对秦始皇说："中期这个人是个蛮人，性子生得这么偏，幸亏他遇上了您这样豁达宽容的明君，要是遇上桀、纣那样的暴君，那他肯定要被杀头的。但是，你作为一国之君，如果这样好动怒，岂不有失您的英名吗？"秦始皇听了，心里美滋滋的，也就不再把那件事放在心上了。

这位大臣的进言，妙就妙在他的先扬后抑法运用得恰到好处。他在秦始皇怒气尚未发作之前便抢先一步采取扬的办法恭维秦始皇是明君，如果秦始皇接受恭维的话，那么就必须心胸宽阔。反之，若是心胸狭窄，动辄以势压人，滥施淫威，那就不是明君则是暴君了。这样，便把秦始皇逼到了进退维谷的境地，有效地抑制了秦始皇恼怒的情绪，使他不得不显示出豁达、宽容的态度，原谅了倔强无礼的中期。

生活在社会中的每个人，都希望他人能发现自己的优点和长处，从而肯定自己的价值。

因为每个人都有高尚的潜在品质，如果你能够及时地用恰当的方式说出来，这样既能迎合他的自尊心，让他感到很有面子；又能顺利地改变对方的想法，达到说服的目的。所以，想要说服他人接受自己的想法，就要给对方一个高尚的角色去扮演。

从上面的故事中，可以概括出在说服中要正确使用这种说服方法，至少要注意以下三点：

1. 用积极的语言

在正常情况下，每个人都有从善心理，所以在面对一个被说服对象时要针对对方善良的那一面，来启发和引导他们。赋予他们一个高尚的理由，接受你的观点。事实证明，这是一种非常行之有效的方法。

2. 用愿景激励

在说服中，把自己的目标改成对方的愿景，让对方明白改变自己的观点后会给别人、给自己带来怎样一个好的影响；然后顺着这条思路，对长远有一个美好的期许。这将激发对方接受你。

3. 用真诚的态度

当一个人觉得你是真正认为他诚实、公道、正直的时候，他就会努力去印证你的直觉！所以，你需要去给对方表现他高尚的机会或借口，这样才能更好地处理你和对方之间存在的问题。

总之，没有一个方法可以确保适用于任何人，可以在任何情况下都能产生好的效果。但是当你没有任何主意的时候，不妨尝试一下这个方法。

知晓利害，让对方心悦诚服

在劝说他人时，应该先陈述利害，清楚地告诉他怎样做对他有好处，怎样做对他有不利后果，然后再用商量的口气表明态度，让对方放下戒备，接受你。

多数人最关心的还是自己最切身的利益。当你想要说服某人时，应当告诉他这样做的好处是什么，不这样做的坏处是什么，相信对方不会不为所动。

某公司领导集体研究决定调某营业部职工范某到另一个营业部工作。谁知当人事部主任找范某谈话时，竟遭到了她的强烈抗拒："我不去，就是经理、董事长来了，我也不去！"说完，她当着人事部主任的面把账簿撕了，钥匙扔了，柜台也砸了。甚至她和人事部主任发生了强烈的肢体冲突。

经理得知情况后，找到这位职工，首先向她说明了调动的原因，然后向她发问道："你知道这柜台是谁的？"

"公司的。"

"账簿是干什么的？"

"记账的。"

"好！现在这个社会是法制社会。你不但破坏公司公物，还与他人发生肢体冲突；不仅给公司带来财产损失，还影响到其他同事的身体健康和安全；而且不服从公司调动，严重违反公司规章制度和国家治安管理条例。从现在起公司账目如有一项不清楚一律由你负责，工作不服从调动按自动离职处理。你自己看着办吧！"

听了经理这一番话，这位职工顿时瞠目结舌。不久，她向经理承认了错误，并表示一定弥补损失，服从调动。

经理在这件事情里采用的方法就是晓以利害法：先是指出这位职工的行为的性质，既影响了工作、违反了法规，还侵犯了他人的人身权利；接着又指出其不服从安排将导致失业的不利后果。显然，在这次说服工作中，经理取得了成功。

由此可见，对于很多人来说，要想让其主动听从说服者的意见，就要求说服者应该从"利、害"两个方面阐明利弊得失。通过利与害的对比，做出一番权衡，让被说服者清楚明白何为轻何为重的结论。站在长远的利益上，被说服者一般都会克服短期行为，放弃眼前利益，自觉地服从全局利益和长远利益。

在说服过程中，对方之所以不服，无非是为了某种利益，只要把其中的利弊说开了，对方的心理防线也就放松了。然后，你再用商量的语气表明自己的态度，对方往往会因为你的真诚而听取你的意见。

当然，如果你能站在对方的立场上，以"自己人"的角度讲述事情的利害，则更易于说服对方接受你的意见和主张。

每个人都会倾向有益于自己得利的观点。如果在说服中，你越是证明自己的想法有利于对方，对方就越容易接受你的劝说。但在实际的生活中，运用利害分析的方式说服对方时，应该把握好以下几点：

1. 以"利"制约对方思想，以"害"改变对方想法

运用这种直陈的方法，避免被对方排斥的可行方式就是直接告知被说服者：一旦不接受劝说，就会失去某种潜在"利益"，相对也就说明了"害"在哪里。利用人们的趋利心理，从而以"利"

牵制对方接受。

2. 分析利弊要结合实际，有助于对方权衡

分析对方错误的言行要建立在对方言行错误实质的基础之上，并由此帮对方进一步分析"利、害"两个方面，阐明利弊得失。让对方清楚地看到通过利与害的对比，心理更趋向于说服者指出的如何做更有利合理的意见和主张。

3. 用情理说服，辅助以"利"动人

在谈话过程中，直接告知被说服者存在问题的利害，单纯的"利"难免给人以贪利庸俗之嫌，最好在对被说服者利益尊重和认同的基础上，将利与"动之以情、晓之以理"有机结合起来论事说理，说明利害。

总而言之，向说服的对方直接、诚恳地陈述有利方面和不利方面，能吸引对方的注意力和高度赞赏，使说服获得成功。

选择引起对方兴趣的话题

选择一个合适的话题是与人交谈的关键。而选择话题的技巧在于以对方为中心，只有如此，才能够使谈话更好地继续下去。

在与人交谈中，我们会有这样的体会：与自己的朋友、家人一起交谈时，总是有说不完的话。但是，一遇到陌生人就无话可说，甚至觉得别扭、烦闷。这是因为你不了解对方所关心的话题是什么。

谈话中，没有人会对自己不感兴趣的话题投入过多的热情，而如果遇到自己感兴趣的话题，他们常常会情绪激昂地参与进来。因此，在与对方谈话时，我们必须选择一些能够引起对方兴趣的话题，从而实现进一步的交流。

小李是个编辑，他曾经与某作者多次进行签订出版合同的交涉，效果都不太理想。双方都感到疲倦。

小李费了一些周折，得知作者是一个爱好打保龄球的人。这次，他打算从这个话题入手。小李先开口说道："上个礼拜天，我到保龄球馆打球，可是手风很不顺，没什么战绩。"

果然不出所料，作者兴致勃勃地问："怎么？你也喜欢打保龄球吗？"

"我虽然不擅长，却很热爱这种休闲活动，经常去打。"

"哈哈！其实我也蛮喜欢这玩意儿，几天不摸球就手痒痒。"

"战绩如何？"

"最高分是 258。"

"啊！这已达到专业水准了。"

作者情绪越来越高，不知不觉中与小李约定下次一同去打球。几天后，双方便签订了合同，而且大致是按照小李所希望的条件订立的。

"酒逢知己千杯少"，两个意气相投的人在一起总觉得有说不完的话。因此，我们在和人交往时，不妨"投其所好"，学会迎合，适当选择对方感兴趣的话题，这才是正确的方式。

两个人对话，如果在其中一个人侃侃而谈的时候，而另一个人昏昏欲睡，那一定是听话方对讲话方的话题没有兴趣。这样的谈话总是会让人感觉到乏味，所以要想赢得对方的欢迎，在谈话的时候就要选择他感兴趣的话题。

当然，如果能够发现你们之间在兴趣、性格、阅历等方面的共同之处，那就更好了。这样可以促使双方越谈越投机，从中获得更多关于对方的信息，迅速拉近距离，增进感情。

匈牙利的米尔沙特是一位多产的著名作家。但是，就像其他许多伟大的作家一样，在他还没有成名的时候，经常遭受出版社的冷眼。他去出版社送稿件，常常被那些编辑不耐烦地推出来。他们对他的稿子一眼也没看，就说那是垃圾并且请他丢到纸篓里，不要耽误他们的工夫。

经过多次的打击之后，米尔沙特变得聪明起来。他后来去出版社，不再主动提及夹在胳膊底下的稿件，而是专门找那些编辑们感兴趣的事情作为谈话的主题。他会向他们提起他们刚刚编辑出版的某本书，并且谈论其中的某些内容。

每当他这样做的时候，那些原本对他理都不理的编辑们就会放下手中的工作，围过来七嘴八舌、饶有兴致地发表对于那本书的个人看法。米尔沙特在一旁聆听，不时地表达一下自己的见解，或者有意把问题引导到某一位流行作家的身上，使那些编辑们如同又进入一片新天地。米尔沙特逐渐成为他们聊天时不可缺少的客人。他们已经把米尔沙特当作他们的朋友，当然再也不会把他从门口推出去。

当米尔沙特拿出自己的稿件时，他们再也不会让他把"那堆垃圾"扔到纸篓里，而是对他说："嘿，朋友，那是什么？可以给我们看看吗？"

同是一个米尔沙特，但是在编辑眼里却无异于两个人：一个不会主动寻找令人感兴趣的话题，所以被扫地出门；一个因为善于引起他们谈话的兴趣而赢得他们的欢迎，从而成为著名的作家。

如果不知道对方喜欢什么话题，你可以从以下两方面找话题展开交谈：

1. 从对方得意的事情说起

每一个人都有自认为得意的事情。这事情的本身在别人来看究竟有多大价值并重要，关键是在他本人看来，是一件值得终身纪念的事。你如果能预先打听清楚，在有意无意之间，很自然地讲到他得意的事情，只要他对你没有厌恶的情绪，只要他目前没有其他不如意的刺激，在情绪正常的情况下，他一定会高兴地听你说。

2. 以对方擅长的事情为话题

如果对方的文章写得漂亮，你就要说："听说你又发表了一篇文章，能不能谈谈经验？"

但是你明知对方不擅长写文章，却说："今天我们俩来交流交流写作的体会吧。"这样对方必然沉默以对，或掉头而去，甚至会认为你这是故意和他为难。在这种情况下，双方的人际关系怎么能好呢？

另外，在与人交谈时，我们还应注意谈话的禁忌。比如，交谈时最好不要涉及疾病、死亡等不愉快的事，更要注意回避对方的隐私。尤其是对女性的年龄和婚姻情况、男士的私生活方面的问题。对方反感的问题一旦提出，则应表示歉意或立即转移话题。谈话时还应注意不要批评他人，不要讥讽他人。

善于制造余韵无穷的谈话

与人初次见面，若要让人回味无穷，从而渴望再次见面，就应该着力制造一次余韵无穷的谈话。

从某种意义上来说，不懂得把陌生人变朋友的技巧，就会使人生失去许多成功的机会。要善于和陌生人交谈。任何深厚的友谊都是由从陌生到成熟的阶段培养而建立的，可以说学会和陌生人交谈，既是提高个人社交能力的需要，也是结识新友，建立人脉的重要途径。

初次的会面如果让对方意犹未尽，自然就盼望有第二次的见面，这就是人际交往的最高境界。然而怎样才能做到这一点呢？最重要的就是善于制造余韵无穷的谈话，让对方在离去后仍旧不断咀嚼回味这次谈话。

一般来说，交谈的话题应该视对方的情形而定，再好的话题若不符合对方的需要，也无法引起对方的兴趣。最好是想办法引出两人都感兴趣的话题，才能聊得投机，然后再设法慢慢地把话题引进自己所要谈论的范围内。

要让谈话留有余韵，须使用优美的言词。假如为了加强印象，故意讲些粗俗的话，则会增加对方的不愉快，弄巧成拙。所以为了使对方对你产生好感，必须言诱和善，讲话前先进行思虑，不要脱口说出伤人的话，而破坏了人际关系。如果你善于让你的谈话留有余韵，让人回味无穷，你的魅力就展现了出来，陌生人也在不知不觉间被你吸引。

把陌生人变成朋友，是一个人高超的社交能力和社交艺术的表现和反映。一个人唯有善于把陌生人变成自己的朋友并相处得十分融洽，那才是真正的快乐。学会和陌生人交谈是结交新友，打开交往大门的一把无形的钥匙。

同陌生人交朋友，求办事，必须勇于交谈。还要善于巧找话题，有了话题，能使谈话融洽自如。

1. 重视形象

时刻注意自己的形象是非常必要的，人的第一印象是最不容易磨灭的。有效拉近彼此的心理距离才能彼此进一步信赖，才能逐渐地将心灵或思维融合到一起,才能和朋友很快建立亲近感。

2. 说话内容不可过于琐碎

擅长谈话技巧的人,能够利用言语使对方产生好感。要想做到这一点,就必须避免,只晓得说些芝麻绿豆之类的琐事。眼界要放得远些,谈话内容不妨从大事着手,注意速度的平顺流畅,使对方不由自主地受到吸引。

3. 环境要幽雅

对有些人来说,谈话的艺术就在于毫无艺术可言,犹如穿衣,宽松舒适即可,这种情形常见于朋友闲谈;而在更为高雅一点的氛围内,交谈就变得深奥,时时会流露出人们的真知灼见。

4. 达成默契

若想成功地进行交谈,必须调整自己,以求和对方达成默契,不要对他人的修辞表达过分挑剔,否则交谈会不欢而散。

5. 针对对方的兴趣谈

老人最感兴趣的话题是关于他们自己年轻时候的经历;青年人关注怎样才能使自己的才能得以发挥,以及他们的工作、学习、业余生活;年轻妈妈最感兴趣的莫过于她们的孩子。

6. 故意抛出错误观点

有时装作不懂的样子,往往可以听取他人更多的意见,让他人的自炫心理得以满足。反之,如果你表现得太聪明,人家即使要讲,也有顾忌,怕比不上你。如果我们用"请教"的语气说话,引起对方的优越感,就会引出滔滔话语。喜欢教人,而不喜欢受教于人,这是种普遍心理。

7. 打破自己造成的沉默

如果是自己太清高、架子大,使人敬而远之,而造成了双方的沉默，在交谈中应该主动些、客气些、随和些。

如果是自己太自负，盛气凌人，使对方反感，而造成了沉默，则要注意谦虚，多想想自己的弱点，适当褒扬对方的优点。

如果是自己口若悬河，讲起话来漫无边际，无休无止，而导致了对方的沉默，则要注意使自己的讲话适可而止，给对方说话的机会，不要让人觉得你在进行单方面的"传教"。

第五章

方法用得好，自如把握

谈话主题和方向

步步逼近，软磨硬泡

在处理问题时，西方人喜欢用快去快回的交涉方法，他们对谈判缺乏耐心，希望将事情快点解决，然后就去忙别的。而东方人却喜欢马拉松似的车轮战，问题一个接一个，且非谈出个满意的结果来不可，有时又会像棒球投手利用迅速而又毫无意义的虚晃动作来干扰击球者一样，以期把对方弄得晕头转向，再慢慢解决问题。

以 20 世纪 70 年代的巴黎和谈来说，一开始越南代表就在巴黎租了一个别墅，签下为期 2 年的租约，而美国的代表却只有里兹的旅馆，订下一个按日计算的房间。因为他们根本没有耐心，也不认为交涉会拖得很久，即使美国人过去有过板门店谈判 3 年的教训，但仍然不习惯做长期交涉。

事实上，正如越是嘈杂的机器，所获得的润滑油就越多。如果能有坚韧的耐心，不厌其烦地把许多问题和资料搅和在一起，让对方不仅为目前的问题苦恼万分，还要忍受不断的轰炸。等他疲劳之余，正想撒手放弃，而你却缠着不放，做地毯式的攻击，伺机向对方提出“最后通牒”。对方在不胜厌烦的状况下，一般都会同意看来还算合理的条件，以彻底摆脱烦恼。说服最忌讳的就是遇到困难就退缩的态度，或没有耐心、速战速决的方法。有很多事情，不是一时半会儿就可以解决的，你要找出问题的症结，了解对方冒险的程度、考验对方的实力、找出对方的弱点、知道对方的要求，或者要改变对方的期望程度，等等，都需要时间来完成，甚至应该知道对方处在压力下会做出什么选择，这一切都是需要时间的。如果没有坚强的意志、毅力，是不会达到你理想的目标的。

欲速则不达，要说服成功一定要周密策划，沉着应付。对方施硬，你就来软；对方转软，你要变硬；应该讲法时，对他讲法；应该说理时，和他说理；应该论情时，与他论情；应该谈利害时，向他谈利害，用各种方法，始终坚持，绝不妥协。在说服过程中，耐心是最强而有力的武器，尤其是当对方已经感到厌烦或放弃与你争论的时候，只要你再做最后的坚持，不利的形势就会好转。

说服中的步步紧逼还表现在穷追不舍上。面对敏感的问题，有时说服对象表达出现了障碍，说服者无法获得满意的答复，而这一答复对于说服者又至关重要。在这种情况下，有经验的说服者会设计出一系列问题，或纵向追问，或横向追问，从而"挤"出一种明确的答案，搞清事实。

巴普自办了一个剧场，却总无戏剧评论家前来光顾。他深知没人宣传就没有观众，于是大胆闯入《纽约时报》寻求帮助。巴普点名要见著名评论家艾金森，凑巧艾金森在伦敦访问。巴普干脆待在报社不走："我就等到艾金森先生回来！"艾金森的助手吉尔布无奈，只好询问其原因。巴普便大施说服之术，说他的演员如何优秀，观众如何热烈，最后摊牌："我的观众大多是从未看过真正舞台剧的移民，如果贵报不写剧评介绍，那我就没经费继续演下去了！"吉尔布见其态度坚决，不由感动了，答应当晚就去看戏。谁知，露天剧场的演出到中场休息时，便遇上了滂沱大雨。

巴普看到古尔布跑去避雨，就赶过去说："我知道剧评家平常不会评论半场演出的，不过我恳求你无论如何破个例。"巴普一次次地游说，真诚也有，"无赖"也有，斯人斯言到底感动了上苍，几天后一篇简评见报，巴普剧场也日渐红火起来。

一个名不见经传的小小剧场主，其言何以搬动了《纽约时报》这尊大神？那不正是步步紧逼、全力游说的结果吗？

采用迂回策略，也许更能说服人

要说服别人，尤其是那些固执的人，与其直截了当地硬碰硬，不如采用迂回的策略进行说服。

日常生活中，要想在劝说别人中取得理想的效果，要以真诚相待为前提，同时还要善于动脑，讲究说服的语言艺术。尤其是当对方固执己见，别人对其的说服沟通不见效果的时候，最合适的办法就是避其锋芒，以迂为直。

在说服的过程中，不直接挑明问题，循序渐进地将道理说明白；或者，用顾左右而言他的方式，使对方最终发现问题。尤其是在说服一些重要人物时，与其直截了当提出请求害怕被拒绝，不如采用迂回的策略进行说服。

在生活中，有很多时候需要别人的帮助。当别人要拒绝你的要求时，不妨迂回绕开当时的话题，与对方巧妙周旋，然后再伺机行事，从而达到自己的目的。

劝说别人做出一个重大决定，直来直往反而"欲速则不达"。懂得说服技巧的高手，一定不会以硬碰硬，而会绕个弯子再回到事情的关键处，选择阻力相对最小的说服方法。既能避开对方的锋芒，又给了自己回旋的余地。在从容周旋、借题发挥的同时，才有可能达到自己的目的。

春秋时期，吴王要攻打荆地，警告左右大臣说："谁敢劝阻就处死谁！"一个年轻侍从想要劝吴王却不敢，便每天拿着弹弓、弹丸在后花园转来转去，露水湿透他的衣鞋，接连三个早上都是这样。

吴王觉得奇怪："你为什么要这样打湿衣服呢？"侍从对吴王回答道："园里有一棵树，树上有一只蝉。蝉停留在高高的树上一边放声地叫着一边吸饮着露水，却不知道有只螳螂在自己的身后；螳螂弯曲着身体贴在树上，想扑上去猎取它，但却不知道有只黄雀在自己身旁；黄雀伸长脖子想要啄食螳螂，却不知道有个人举着弹弓在树下要射它。这三个家伙，都极力想要得到它们眼前的利益，却没有考虑到它们身后有隐伏的祸患。"吴王听后若有所思，随后取消了这次军事行动。

这就是著名的"螳螂捕蝉，黄雀在后"的故事，好一个经典的迂回策略！如果年轻的侍从针对吴王的决定直接劝谏，可能会越说越僵，甚至有性命之忧。而他采取了侧面说服的迂回策略，从而达到说服吴王撤兵的结果。由此可见，说服、劝人，要讲究迂回技巧——委婉巧妙的劝说，这样往往比死谏更有说服力。

在说服他人时，采取迂回方式，一点一点引导别人接受自己的要求。虽然可能要多走一些弯路，多废一些口舌，甚至多耗一些时间，但总比无功折返好。所以，在说服过程中，掌握迂回的说服技巧离说服别人就更近一步。

在实际的说服过程中，采用这种迂回策略往往是因为问题复杂，或因对方的身份不宜直接说服，在实际的操作过程中要注意以下几点：

1. 主题明确，迂回不离题

在用这种技巧说服中，切不可信口开河，泛泛而谈。无论怎么绕圈子，都要为你说服的主题服务。切忌在迂回中偏离主题，绕道太远，导致对方最终云里雾里，甚至觉得唠叨。

2. 说服中要坦然、自信

在迂回说服中，要做到态度坦然、自信。如果言辞闪烁、含糊，自己都没有自信，势必会引起对方的猜疑，对你产生不信任，甚至会让对方误会你说服背后的动机不纯，从而产生排斥心理。纵然在说服中对方提出的问题你不能如实答复，也不要直接否定，可以反问对方，借对方做出的选择再做回应。

3. 迂回事理避开对方所想

迂回技巧中所涉及的各种理由，尽量从一个他认为不可能的地方进行突击，这就有可能让对方的思维、判断脱离预定轨道，这样说出来的话才有分量，才能引起对方的注意。

在说服别人时绕个弯子巧妙地表明自己的态度，有时比直接提出自己的要求更能让人接受。

央求不如婉求，劝导不如引导

求人办事，一味地诉苦，央求他人帮忙，激发别人的同情心，是远远不够的。不如委婉地赞美对方的能力和权威。如果他再不为你办事，他就会觉得不好意思。

在社交活动中，每个人都会有有求于人的时候。怎样才能顺利求得对方替你办事，而不至于被对方拒绝呢？很多时候，央求往往没有婉求的效果好，劝导没有引导的方式更容易使人接受。

在我们办事的过程中，总会遇到一些不肯合作的人。如果使用强硬的手段，不但解决不了问题，还很有可能把关系闹僵。对于这种情况，最好的方法就是有次序地、耐心地引导对方思考，将对方引入你设定的情景，把对方夸赞到一定的高度，然后提出你的要求，这样会使你的要求成功达到目的。有这样一个故事：

一天，有位老太太要买李子。老太太来到一家水果店，问店主："你店里有李子卖吗？"店主马上迎上前说："老太太，买李子啊？我这里的李子有酸的也有甜的，您想买哪一种？""酸的。"店主一边称酸李子，一边搭讪道："一般人都喜欢甜的李子，可您为什么要买酸的呢？"老太太回答说："儿媳妇怀上小孙子啦，特别喜欢吃酸的。""恭喜您老人家了！您儿媳妇有这样的好婆婆真是福气。不过孕期的营养很关键，经常补充些猕猴桃等维生素丰富的水果，对宝宝会更好！"

这样，老太太不仅买了李子，还买了一斤进口的猕猴桃，而且以后经常来这家店里买各种水果了。

从这则小故事中不难看出，这位店主不仅满足了老太太的一般需求，而且还引导老太太发现自己的新需求，使老太太产生了持久购买的兴趣，从而达到自己销售水果的目的。

由此可见，当你有求于人的时候，与其央求他，还不如用赞美的话去委婉地引导他。从对方的利益考虑，适时地提出与之相关的请求时，他会比较感兴趣，拒绝你的可能性是最小的，你的要求达成的成功率是最高的。

求人办事不会事事如愿，有些事在自己未争取之前就已经明确了对方不肯允诺的态度，此时就应采取婉求和引导的办法。

婉求与引导都是以柔克刚的说话办事的艺术，婉求和引导别人办事的最大特点就是含而不露或露而不显。许多事直来直去很难达到目的，不如先引起别人的兴趣，绕个弯儿去办或许效果会好些。

有一个寓言故事：

有位车夫拉车上桥，坡很陡，走到半路实在拉不动了。他急中生智，用力顶着车把，放声歌唱起来。听到他这么一唱，前面的人都停下来观察他，后面的人想看看究竟发生什么事了，几步走过去追上他。

而车夫则趁着这个好时机请求大家帮着推车，于是大家一齐用力，车就这样被推上了桥。

这位车夫原本是求人帮忙，如果直接央求大家推车，大家可能会因各自忙于赶路，很难达成这个愿望。而用唱歌绕开推车的事情，当大家都停下来，围在自己周围，那他真实的目的也就达到了。这种求人办事的方式不露声色，浑然无迹。

由上面的例子不难看出，央求不如婉求，劝导不如引导。而婉求和引导的关键就在于学会运用一些婉转的方式，说一些婉转的话。要"引"得巧妙，"导"得自然，可以从以下几点做起：

1. 明确目的，有的放矢

所有的引导内容都应紧密地为目的服务。要做好这一点，就应该从了解对方的心理着手。在弄清对方的真实想法后，顺着对方的心思，围绕自己的目的，委婉地提出自己的请求。

2. 循序渐进，层层深入

引导不能急于求成，而应采用由小到大，层层深入的方法。先从容易完成的事入手，这样就可以一步一步地消减对方的防范心理，促使对方的态度一点一点地发生改变，就这样由小到大地逼近预定目标，最终就会很愉快地达成你最初的愿望。

3. 深思熟虑，随机应变

在和他人正式谈话前，要认真构思，事先把各方面的关节想清楚，对方可能会怎样应对应有所预料。谈话中又要针对实际情况，随机应变。最终使对方认同自己的观点，从而营造一个合适的氛围，使对方最大可能地满足你的需求。

总之，要想达到求人办事的目的，就要学会运用一些婉转的方式，说一些婉转的话，它会使你事半功倍，同时也很好地体现出你的语言能力。用婉求、引导的技巧说服人，这往往是一种与人合作、求人办事的聪明的策略。

铺垫语境，"升职""加薪"也不难

向领导提出请求，切忌直来直去，那样多半会碰钉子。最好的方法，就是在合适的时间、合适的地点，以婉转、礼貌的语言把自己的意思表达出来。

在职场生活中，难免有向领导提出请求的时候，比如"加薪""调职"，永远是职场里最常遇到的问题。如何巧妙地让领导答应自己的请求，是每个职场人士都应掌握的。

无论一个人的先天条件如何优秀，主观态度如何努力，单凭个人力量也解决不了所有的问题。如果遇到以上所说的情况时，除了领导自己有这个意愿之外，大部分时候还需要自己勇敢地提出，并想办法让领导明白自己这一要求并不是无稽之谈，从而让领导发自心底地答应自己的请求。想要做一个事业有成的人，就要在成功的道路上掌握这种向领导提出要求的技巧。

小孟毕业后在一家消费品公司工作，那是他的第一份工作，所以也就格外珍惜。在平时的工作中大家都看得到他的努力，老板对他的工作态度也很肯定，多次在会议上表扬他，却从没有提过给他加薪的事。

一次偶然的机会，小孟得知和他一起进公司的同事的工资早已高出自己一倍，但是他的工作并未见得比自己优秀多少。小孟的心里很不平衡，于是就找到老板开门见山地表达了自己的不满，并要求老板给自己加薪，否则就辞职。

老板并没有理会他的要求，小孟对工作也失去了热情，开始敷衍应付起来。一个月后，老板把小孟的工作移交给了其他员工，大概是准备"清理门户"了。小孟也觉得再做下去没有什么意思，赶紧递交了辞呈。

在接下来的一份工作中小孟依然很努力，连续几次在部门的成绩考核中排名靠前，但薪水依旧没有增加，小孟准备再次向老总提加薪的要求。经过上次的经验，小孟痛定思痛，认真总结了一下，准备再一次向老板提出加薪。

有一天，他经过老板办公室，发现老板一个人在办公室看报，敲门走了进去。

见他进来，老板知道他肯定是有事情，示意他坐下后，问他："小孟，有什么事情吗？"

"经理，我有个小小的请求，不知您是否会答应。"他面带笑容地看着经理。

"什么请求？说说看。"

"我想听一下您对我最近的工作的看法，"小孟说，"工作了这么久，肯定会有些不足，所以我想让您给予指正，以保证我在以后把工作做得更好。"

"你最近表现整体来说还不错，如果能在办公室再积极一些、主动一些就更好了。"经理笑着说，"你还是个挺不错的小伙子。"

"老板，如果我做到这些之后，您是不是就考虑给我加薪了啊？"小孟半开玩笑地说。

"嗯，如果你能做到，我就会考虑给你加薪。"老板也笑着说。

"谢谢老板。"小孟说完礼貌地告辞了。

从此以后，他不仅把自己的工作做好，还尽量帮助同事，适当加班。这样经过一个工作阶段后，他做了一份工作报告交给了老板。这一次，他除了获得了加薪，还获得了升职。

从这个故事不难看出，小孟第一次表现也很不错，但加薪的要求不但被拒绝，还因一时之气丢了工作。第二次，他改变了提加薪请求的方式，委婉、含蓄地向领导表达出加薪的意思，不但达到了自己的目的，还被领导升了职。

由此可见，如何向领导提出请求是一门语言艺术，如何掌握这门艺术，让自己的请求不被拒绝，成功地获得领导的首肯，是每个职场人员都希望知道的。具体如何做才能巧妙地让领导接受自己的请求，一起来总结一下：

1. 要换位思考

在向领导提出请求之前，先换位思考一下，如果自己处在领导的位置，自己提出请求的理由是否能够顺利说服自己。从领导的角度来考虑，什么样的说话方式才更容易接受。如果自己的理由不足以说服自己，就要思考周全后再向领导提出。否则，不但达不到自己的目的，还会破坏领导对自己的好感。

2. 提出的请求一定是围绕自己工作相关的事情

在职场中向领导提出请求，一定要注意不能借自己之口表达第三人的意思，这不但不会达到预期的效果，还会引起领导的反感，甚至会误会你在借此拉拢同事关系，对你处处防范。因此，向领导提出请求的内容一定要围绕自身工作相关的事情，领导才会根据你的实际情况酌情考虑。

3.向领导提请求要选择恰当的时机和表达方式

和其他场合说话一样，向领导提出请求也要把握一定的时机。在领导心情较为愉悦或工作稍微空闲的时候提出，往往比贸然提出请求成功的概率要大。另外，要特别注意表达方式。语气要委婉、含蓄，不能直来直去、单刀直入；也不可要求领导马上点头，给领导留有一定的思考余地，也给自己留点余地。成则成，不成再寻机会。

"层层剥笋"让他"束手就擒"

笋在成为竹子之前，是有多层外皮包裹的，剥笋时总得一层层地剔开，才能剥到所需要的笋心。所谓"层层剥笋"，就是在说服他人的过程中紧扣主题，从一点切入，由小至大，由远至近，由浅到深，由轻到重，逐层展开，直至揭示问题的本质，进而达到目的的说服方法。恰当地运用层层"剥笋术"，可使我们的论证一步比一步深化，增强我们语言的说服力量。

孟子觉得齐宣王没有当好国君，于是对齐宣王说："假如你有一个臣子把妻子儿女托付给朋友照顾，自己到楚国去了，等他回来时，他的妻子儿女却在挨饿、受冻，对这样的朋友该怎么办呢？"

齐宣王不知道孟子的用意，于是非常干脆地回答说："和他绝交！"

孟子又问："军队的将领不能带领好军队，应该怎么办呢？"

齐宣王也觉得问题太简单，于是以更加坚定的口气回答："撤掉他！"

孟子终于问道："一个国家没有治理好，那又该怎么办呢？"

齐宣王这才明白了孟子的意思—国家治理不好，应该撤换国君。虽然齐宣王不愿接受这种观点，但是在孟子层层剥笋的巧妙言说之下，也只有忍了下来。

复杂难说的事要由浅入深地论证说明，假如孟子一开始就提出第三个问题，齐王肯定要发怒。我们在劝说别人的时候可以使用这种方法。

战国时，楚襄王是个昏庸的国君。大夫庄辛直言进谏，楚襄王非但不听，还训斥庄辛是"老糊涂"。庄辛只好离开，到了赵国。不久，秦国占领了楚国大片的国土。楚襄王有所醒悟，于是把庄辛找回来商量对策。

庄辛于是变直言进谏为"层层剥笋"，连设四喻，从小到大，由物及人，层层递进，步步进逼："蜻蜓捕食虫子，自以为很安全，却不知道小孩子用蜘蛛网捕捉它，一不留神就会成为蚂蚁的食物。黄雀俯啄白米，仰栖高枝，自以为无患，谁知公子王孙将要把它射下，调成佳肴。天鹅直上云霄，自以为无患，谁知射手要把它射下来，把它做成食物。蔡灵侯南游高丘，北登巫山，饮茹溪之水，食湘江之鱼，左手抱了年轻的美女，右臂挽着宠幸的姬妾，不以国政为事，哪知道子发受了楚王之命要把他杀掉。大王您左边有个州侯，右边有个夏侯，御车后跟着鄢陵君和寿陵君，食封地俸禄之米粟，用四方贡献的金银，同他们驰骋射猎于云梦之间，而不以天下国家为事。您不知穰侯正接受了秦王的命令，他们的军队要占领我们的国家，把大王驱赶到国外去呢！"

一席话，听得楚襄王"颜色变作，身体战栗"，使他明白到了非纳谏不可的境地。

战国时期，说服秦王破六国合纵从而兼并天下的张仪采用的也是层层剥笋的方法，秦王才有了趁胜统一中国的决心。

张仪认为秦国缺乏远大的战略眼光，不能抓住大好战机，穷追猛打，使山东诸侯得以喘息，卷土重来，合纵攻秦，以致出现六国"当亡不亡"、秦国"当伯（霸）不伯"的局面。为了促进秦国统一中国的大业，张仪向秦昭王献策说："我听说，天下诸侯—赵与北方的燕、南方的魏，联结楚、拉拢齐，又纠集残余的韩，结成了合纵的局面，将要向西来与秦国对抗，我私下里讥笑它们不自量力。世上有3种导致灭亡的情况，而山东六国都具备了，大概说的就是它们的合纵吧！我听人说：'混乱的国家去进攻安定的国家，就会灭亡；邪恶的国家去进攻正义的国家，就会灭亡；倒行逆施的国家去进攻顺天应人的国家，就会灭亡。'现在六国的财物不足，粮仓空虚，他们即使出动全部的士民，扩大军队至几十万、上百万，临战之时，前面有敌人雪亮的刀剑，后面是自己一方斩伐逃兵的斧质，可是士卒还是纷纷后退不肯死战。不是他们的百姓不能死战，而是六国的君主不能够使百姓死战。该奖赏的不给奖赏，该处罚的不处罚，赏罚都不能兑现，所以百姓不肯拼死作战。

"现在秦国颁发号令，施行赏罚，有功无功都视其业绩而定，没有偏私。秦人虽说从小生活在父母的怀抱之中，生来是不曾见过敌寇的，但是一旦听说打仗，便跺脚脱衣，踊跃参战，冒着敌人的刀剑，踏过地上的火炭，决心拼死，勇往直前的人到处都是。决心拼死和贪生怕死是不同的，秦国士民能做到决心拼死，是因为秦国提倡勇敢。因此，一个可以战胜十个，十个可以战胜百个，百人可以战胜千人，千人可以战胜万人，万人就可以战胜天下诸侯了。现在秦国的土地，截长补短，方圆数千里，威名远扬的军队数百万，再加上秦国号令赏罚严明，地理形势有利，天下各国没有哪个比得上。凭借这些有利条件对付天下诸侯，统一天下是很容易的。由此可知，只要秦军出战，没有不获胜的，进攻没有不能攻下的，抵挡的敌人没有不被打败的。按说一战就可以开拓国土几千里，可以建立很大的功劳。可是眼下军队疲惫、百姓困苦，积蓄用尽、土地荒芜、粮仓空空，周围的诸侯不肯臣服，霸王的名声没有成就，这没有别的原因，是因为谋臣没有尽忠的缘故。

"而且我听说，'诚惶诚恐，小心戒惧，就能一天比一天谨慎'。只要做到谨慎地选择达到目的的途径，就能够统一天下。怎么知道是这样呢？从前，纣做天子，统帅天下百万将士，向左饮水于淇谷，向右饮水于洹河，淇谷的水喝干了，洹河的水也不流了，用这样众多的军队和周武王对抗。武王率领穿着白色盔甲的三千将士，只经过一天的战斗，就攻陷了纣的国都，活捉了他本人，占据了他的土地，获得了他的人民，而天下的人没有谁为纣哀伤。智伯统帅智、韩、魏三家的军队，到晋阳去攻打赵襄子，挖开晋水淹晋阳，历经三年，晋阳将要陷落了。襄子派遣张孟谈暗中出城，策动韩、魏毁弃与智伯的盟约，得到两家军队的配合，去攻打智伯的军队，捉住智伯本人，成就了襄子的功业。

"我冒着犯死罪的危险，向您进献的方略可以用来一举拆散诸侯的合纵，攻下赵国，灭亡韩国，使楚、魏称臣，使齐、燕来亲近，使您成就霸王之业，让四邻诸侯都来朝拜秦国。假如大王听了我的主张，一举而诸侯的合纵不能拆散，赵国不能攻下，韩国不被灭亡，楚、魏不来称臣，齐、燕不来亲近，您霸王之业不能成就，四邻的诸侯不来朝拜，大王就砍下我的头在全国示众，把我看作替大王谋划而不尽忠的人吧！"

张仪的陈词慷慨洒脱，逻辑严谨，秦王因此被说动，为天下的大一统拉开了序幕。

运用"层层剥笋"法进行说服，需要在说服前，把论证方案设计得环环相扣，天衣无缝。如此一来，对方才有可能在我们的说服逐层展开的过程中"束手就擒"。

制造一点悬念，让对方改变自己的观点

对于自以为是的人，要说服他，最忌正面交锋、针锋相对，这样不但不能达到预期的目的，反而会激怒被说服者，使其更加坚守自己的观点。要说服这种人，应该先巧妙地制造悬念，通过卖关子来吊对方的胃口，使对方的坚持情绪松弛下来，把他的好奇心诱发出来，在解释悬念的过程中，可用简单的事理或推论证明对方的错误性，从而让其改变观点。

某建筑公司的李工程师，有一次说服了一个刚愎自用的人。有一个工头，他常常坚持反对一切改进的计划。李工想换装一个新式的指数表，但他想到那个工头必定要反对的。李工去找他，腋下挟着一个新式的指数表，手里拿着一些要征求他的意见的文件。当大家讨论着关于这些文件的事情的时候，李工把那指数表从左腋下移动了好几次，工头终于先开口了："你拿着什么东西？"李工漠然地说："这个吗？这不过是一个指数表。"工头说："让我看一看。"李工说："你不用看的！"并假装要走的样子，说："这是给别的部门用的，你们部门用不到这东西。"但是，工头又说：

"我很想看一看。"当他审视的时候，李工就随便但又非常详尽地
把这东西的效用讲给他听。他终于喊起来说："我们部门用不到这
东西吗？糟糕，它正是我想要的东西呢！"李工故意这样做，果
然很巧妙地把工头说动了。

　　制造悬念时，你还可以让自己的言行，有多种可能的含义。
然后，引导对方的注意力在一种含义上固定下来，即为对方设
下陷阱，使对方产生错觉。最后突然向另一种含义上转去，情
境的对转，使对方突然产生期待的失落，从而产生了强烈的戏
剧性效果。

一开始就先声夺人，让对方屈服

　　人总是欺软怕硬的，遇到弱小的一方总是喜欢以强欺弱，非
得把对方逼到无路可退的境地。这是人的一种劣根性。如果你居
于弱势地位，当对方不肯轻易顺从你的意见，甚至显示出一种居
高临下的姿态时，你可以开始一上来就以"恐吓"压制住对方，
从而让对方屈从和改变主意，反客为主，占据你的主动地位。

　　《三国演义》中讲到，曹操率领大军南征，刘备败退，无力反
击，大有坐以待毙之势。以刘备单独的力量，绝对无法与曹操的
势力相抗衡，解决的办法只有一个，就是与江东的孙权联手。此
时，诸葛亮自愿出使到江东做说客。他并不是像一般人那样低声
下气地求孙权，而是采用"反客为主"的方法，表现出一副强硬
的态度，硬是激发了孙权的自尊心。

　　当时，东吴孙权自恃拥有江东全土和十万精兵，又有长江天
堑作为天然屏障，大有坐观江北各路诸侯恶斗的态势。他断定诸
葛亮此来是做说客，就采取了一种居高临下的姿态等待着诸葛亮

的哀求。

不想诸葛亮见到孙权，开门见山地说道："现在正值天下大乱之际，将军你举兵江东，我主刘备募兵汉南，同时和曹操争夺天下。但是，曹操几乎将天下完全平定了，现在正进军荆州，名震天下，各路英雄尽被其网罗，因而造成我主刘备今日之败退。将军你是否也要权衡自己的力量，以处置目前的情势？如果贵国的军势足以与曹军相抗衡，则应尽快与曹军断交才好。"

诸葛亮只字不提联吴抗曹的请求，他知道孙权绝不会轻易投降，屈居曹操之下。孙权听完诸葛亮一席话，虽然不高兴，但不露声色，反问道："照你的说法，刘备为何不向曹操投降呢？"

诸葛亮针对孙权的质问，答道："你知道齐王田横的故事吗？他忠义可嘉，为了不服侍二主，在汉高祖招降时不愿称臣而自我了断，更何况我主刘皇叔乃堂堂汉室之后。钦慕刘皇叔之英迈资质，而投到他旗下的优秀人才不计其数，不论事成或不成，都只能说是天意，怎可向曹贼投降？"

虽然孙权决定和刘备联手，但面对着曹操八十万大军的势力，心里还存在不少疑惑——诸葛亮看出这一点，进一步采用分析事实的方法说服孙权。

"曹操大军长途远征，这是兵家大忌。他为追赶我军，轻骑兵一整夜急行三百余里，已是'强弩之末'。且曹军多系北方人，不习水性，不惯水战。再则荆州新失，城中百姓为曹操所胁，绝不会心悦诚服。现在假如将军的精兵能和我们并肩作战，定能打败曹军。曹军北退，自然形成三分天下的局面，这是难得的机会。"

于是，孙权遂同意诸葛亮提出的孙刘联手抗曹的主张，这才有后来举世闻名的赤壁之战。诸葛亮真不愧为求人高手。

活着就是一种对抗，如果你不想被对方压倒，那你就得先声夺人，反客为主。时刻占据上风才能赢。

提升自我形象，增加成功的筹码

一般人求人办事时，态度谦卑，想让对方可怜，这种人对方可能见得比较多。但是，如果你一反常规，巧用方法提升自我形象，从气势上不输给对手，给对方造成一种错觉，就能很容易地替你办事了。

有一年国际木材市场需求增加，价格上扬。某大型林场看准这一时机，将林场的木材打入国际市场，市场反应良好。然而好景不长，几个月后，由于市场竞争激烈，木材的价格又大幅下跌。继续坚持出口，林场将每年亏损上千万元。

面对危机，场长认为，参与国际交易他们是后起者，在强手如林的情况下，挤进去非常不容易，应想办法站住脚才行。如果一遇风险和危机就退出来，那么想再占领市场就会更困难。于是他决心带领大家从夹缝中冲出去。为此，他亲自到欧美一些国家做市场调查，搜集信息，寻找合伙对象，开辟新市场。

在国外，场长找到一家著名的家具生产集团。他开门见山地说明来意，希望那家公司能够把他们的林场作为原料采购基地。对方公司总经理说："现在我们的原料供应系统很稳定，你有什么优势让我们把别的公司辞掉，而选用你们的木材？"场长对此不卑不亢地列举了该林场的三大优势："第一，我们林场的木材质量有保证，有很高的信誉；第二，我们可以长期合作，保证长期供货，长期供应价格上给予一定的优惠；第三，我们林场有自备码头，保证货运及时，并有良好的售后服务，更重要的一点是保证信守合同。"

场长在大谈林场的三大优势后，还不紧不慢地对对方总经理说，林场刚刚与国际上另一家知名公司签订了供货合同。那位经理听说连那样的大公司都与中方的这家林场签订了合同，看来林场实力不弱啊！他立即同意就供货问题正式洽谈。签订合同之前对木材进行现场检测。经检测，木材质地良好，是家具原材料的上上之选。经过一番讨论，双方终于正式签订了合同，该林场在国际市场上也站稳了脚。

在商业竞争中，如果你势力弱而又想把自己的事业做大，那么你就应该多提升自我形象，至少给对方一个你实力强大的印象。只有这样你才能成功地借助对方的力量。正如那位场长没有刻意地恭维对方，而是底气十足地向对方提出要求，紧接着在不经意中道出自己与另一家公司签订了合同，无形中抬高了林场木材的身价，致使对方对他刮目相看，如此一来事情自然好办多了。

提升自我形象，增加自身分量是一种博弈手段。求人办事时，我们不妨改变以往谦恭谨慎的求人法，用一些博弈手段，为自己更好地办事创造条件。

第六章

刚柔并济，用逻辑灵活掌握话语主动权

制造紧张气氛，"逼"对方做出决定

在进行购房、购车等比较大型的消费项目时，很多顾客常常犹豫不决，或者时间紧迫又不想匆忙做出决定。这时候，销售人员如果能够利用一些小技巧，便可促使顾客尽快做出决定以达成交易。例如制造一种紧张气氛，让顾客担心如果此时不做决定就会失去机会。

营销高手玛丽·柯蒂奇是美国米尔房产公司的经纪人，她曾在半小时之内卖出了一套价值50多万美元的房子。一天，玛丽正在一处新转到她名下的大房子里参观，忽然发现有一对夫妇也在看房子。玛丽快步走到那对夫妇面前，面带微笑地伸出手说："嗨，你们好，我是玛丽·柯蒂奇。""您好。我是邓恩，这是我太太丽莎。"那名男子说，"我们在海边散步，见这儿有房子就过来看看。我们不知道……""欢迎欢迎！"玛丽说，"我是这栋房子的经纪人。""我们是顺道来的，车子就放在门口。我们从弗吉尼亚来这里度假，过一会儿就打算回去了。"

丽莎临窗看海，顿感心旷神怡，她自言自语地说："这儿真美！简直美极了！""但是亲爱的，我们必须回去了，要回到冰天雪地里去。"邓恩无奈地说，"这真是一件令人不开心的事情！"邓恩问起房子的情况："这套房子上市有多长时间了？"

"老实说，这套房子在别的经纪人名下有半年了，今天才刚刚转到我的名下。房主急等着用钱，现在降价出售，我想应该很快就会成交。"玛丽回答。

丽莎对邓恩说："要是我们能有一套海边的房子就好了，因为我非常喜欢大海。如果那样的话，我们以后就可以常常去海边散散步。"

玛丽就问丽莎："您先生是做什么的？他的工作一定很辛苦吧？"

"邓恩在股票公司做事，他的工作非常辛苦。我希望他能够好好休息、多多放松，这也是我们每年都到佛罗里达旅游的原因。"丽莎说。

"我想，如果你们每年都来这里的话，就应该在这里有一套属于自己的大房子。您想想，每次来到这里，就好像回到了自己的家一样，那是多么舒服啊。更重要的是，这样不仅可以大大提高你们的生活质量，也将大大延长你们的寿命。"玛丽说。

"我也是这样想的。"丽莎和邓恩几乎同时说出了这句话。

接着，他们就陷入了沉默。玛丽知道他们在思考，所以也不说话，等着邓恩开口。过了片刻，邓恩开口说："我还是感觉房子的价格有点高。"

"房价其实很合理，我想很快就会卖掉的，我以我的经验保证。"

"为什么如此肯定？"

"能够眺望海景的房子并不多，不是吗？而且，房子刚刚降价。"

"但我发现这里的房子有很多。"

"我承认，这里的房子是很多。我相信您也看了不少。我想您不会没有发现，这套房子是很少的拥有自己车库的房子之一。

您只要把车开进车库，就等于是回到了家。并且，这套房子附近有这里最好的娱乐场所和大小餐馆，别的房子就没这么多的方便了。"

邓恩想了想，向玛丽报了一个价，然后很果断地说："这是我愿意购买的价格，再多一分钱我都不想要了。"

玛丽一听邓恩的报价只比房主的要价少1万美元，就说："您的条件我想应该没问题，但我需要您的1万美元作为订金。"

"这个没问题，我现在就可以给你写一张支票。"邓恩说。

"请在这里签名。"玛丽把合同递给邓恩。

至此，整个交易宣告完成。玛丽从见到这对夫妇，直至交易成功，用了还不到半小时的时间！压力推销是指推销员使用强有力的语言给客户造成购买是唯一出路的感觉，促使客户做出购买决策的一种推销方法。这种方法对那些已对产品动心的客户，或者是那些准备买，但又有点犹豫的客户最管用。而使用这种强有力的语言的能力是推销员能力的一种体现。这个案例就是推销员使用压力推销法成功拿下大客户的一个经典案例。

在这个案例中，我们发现邓恩夫妇虽然很满意这套临海的房子，但他们当时并没有购买的意思。假如玛丽只是将自己的名片交给他们，事情多半会泡汤。玛丽知道，在这种情况下，必须利用邓恩夫妇在现场的有限时间，快速完成交易。怎样才能快速地完成这项交易呢？玛丽采取的方法很简单，即制造紧张气氛，给对方传递一个信息：想买的话就赶快，否则就没了。此招果然见效，在短短的半小时之内，玛丽就完成了其他经纪人半年都没有完成的任务。

可见，给客户加压是一种比较有效的心理战术，它会使客户在无形中感到一种压力。但他们感觉不出这是推销员施加的压力，而以为是他们自己造成的。因此，使用这种推销技巧，就需要推销员说话具有感染力，对于环境有极强的控制能力，并且能够灵活地加以变换。

投其所好，让说服水到渠成

与人交流时，我们应该多谈对方感兴趣的话题，对待客户尤其如此。想要引起客户的兴趣、赢得客户的好感，就要从他的爱好出发。探明客户的爱好，并适当满足其心理需求，先从心理上接近客户，以得到客户的信任或赏识，这样就容易实现销售目标。美国纽约的迪巴诺面包公司生产的面包质量好，深受各地顾客的欢迎，可以说是远近闻名。可奇怪的是，该面包公司附近的一家大饭店始终没有向这家公司买过一次面包。

面包公司的经理迪巴诺为了让自己的产品打入这家大饭店，使用了各种促销手段。诸如每天给饭店经理打电话介绍自己生产的面包的特色及种类，每周前往饭店拜访经理，参加饭店组织的各种活动，甚至在这家饭店包了个房间，住在那里谈生意。这样一直坚持了4年多都无济于事，真是费尽周折，用心良苦，然而，一次次的推销面包的谈判都以失败告终。

于是，他一改以前的做法，开始对饭店经理本人关注起来。

通过多方面的调查了解，他知道了饭店经理的个人爱好和所热衷的事物：饭店经理是美国某一饭店协会的会长，非常热衷于自己的事业，不管协会在什么地点、什么时间开会，一定前往。迪巴诺了解了这一情况后，又下功夫对该协会做了较彻底的研究。当他再去拜访饭店经理时，只字不提推销面包的事，而是以饭店协会为话题大谈特谈。

这一招很灵验，果然引起了饭店经理的极大兴趣，双方的心理距离一下子拉近了。饭店经理神采飞扬、兴趣浓厚，和迪巴诺谈了 35 分钟有关协会的事，还热忱地请迪巴诺也加入该协会。

几天以后，迪巴诺面包公司就接到了这家大饭店采购部门打来的电话，请他把面包的样品和价格表送过去，饭店准备订购该公司的面包。这个消息着实让迪巴诺惊喜万分，四年多的努力终于是没有白费。尽管迪巴诺公司的面包物美价廉，尽管迪巴诺对饭店经理穷追不舍，然而他的推销工作却没有任何进展。而当他调整了策略之后，抓住了饭店经理关心和感兴趣的问题，形势便大为改观，进而实现了自己多年来的愿望。由此可见，投其所好策略在与客户打交道的过程中起着不可忽略的作用。

对客户投其所好的具体方式很多：例如给客户提供美好的令人难忘的款待，恰到好处地略施恩惠，赠送适当的礼品，陪同客户观光旅游，等等。这些都可以视对方的兴趣爱好而采用。与客户沟通交谈，不妨就投其所好。这样事情既可以办成，还能给客户留下良好的印象，赢得他人的喜欢。

布下"最后通牒"的陷阱

在谈判中，有些谈判者支出架子准备进行艰难的拉锯战，而且他们也完全抛开了谈判的截止期。此时，你的最佳防守兼进攻策略就是出其不意，发出最后通牒并提出时间限制。这一策略的主要内容是，在谈判桌上要给对方一个突然袭击，改变态度，使对手在毫无准备且无法预料的形势下不知所措。对方本来认为时间挺宽裕，但突然听到一个要终止谈判的最后期限，而这个谈判成功与否又与自己关系重大，不可能不感到手足无措。由于他们很可能在资料、条件、精力、思想、时间上都没有充分准备，在经济利益和时间限制的双重驱动下，会不得不屈服，在协议上签字。

美国汽车王亚科卡在接管濒临倒闭的克莱斯勒公司后，觉得第一步必须先压低工人工资。他首先降低了高级职员工资的10%，自己也从年薪36万美元减为10万美元；随后他对工会领导人说："17元一小时的活有的是，20元一小时的活一种也没有。"

这种强制威吓且毫无策略的话语当然不会奏效，工会当即拒绝了他的要求。双方僵持了一年，始终没有进展。后来亚科卡心生一计，一日他突然对工会代表们说："你们这种间断性罢工，使公司无法正常运转。我已跟劳工输出中心通过电话，如果明天上午8点你们还未开工的话，将会有一批人顶替你们的工作。"

工会谈判代表一下傻眼了。他们本想通过再次谈判，从而在工薪问题上取得新的进展，因此他们也只在这方面做了资料和思想上的准备。没曾料到，亚科卡竟会来这么一招！被解聘，意味着他们将失业，这可不是闹着玩的。工会经过短暂的讨论之后，基本上完全接受了亚科卡的要求。

亚科卡经过一年旷日持久的拖延战都未打赢工会，而出其不意的一招竟然奏效了，而且解决得干净利落。

所谓"最后通牒"，常常是在谈判双方争执不下、陷入僵持阶段，对方不愿做出让步以接受交易条件时所采用的一种策略。事实证明，如果一方根据谈判内容限定了时间，发出了最后通牒，另一方就必须考虑是否准备放弃机会，牺牲前面已投入的巨大谈判成本。

但是，该方法并非屡试不爽，一旦被对方识破机关，最后通牒的威力可能会反作用到自己身上来。

美国通用电气公司与工会的谈判中采用"提出时间限制"的谈判长达 20 年。这家大公司在谈判开始的时候，使用这一方法屡屡奏效。但到 1969 年，电气工人的挫败感终于爆发。他们料到谈判的最后结果肯定又是故技重演，提出时间限制相要挟，在做了应变准备之后，他们放弃了妥协，促成了一场超越经济利益的罢工。

因此，谈判中发"通牒"一定要注意一些语言上的技巧，要把话说到点子上。

1. 出其不意，提出最后期限时必须语气坚定、不容通融

运用此道，在谈判中首先要语气舒缓，不露声色，在提出最后通牒时要语气坚定，不可使用模棱两可的话语，使对方存有希望，以致不愿签约。因为谈判者一旦对未来存有希望，想象将来可能会给自己带来更大的利益时，就不肯最后签约。故而，坚定有力、不容通融的语气会替他们下定最后的决心。

2. 提出时间限制时，时间一定要明确、具体

在关键时刻，不可说"明天上午"或"后天下午"之类的话，而应是"明天上午 8 点钟"或"后天晚上 9 点钟"等更具体的时间。这样的话会使对方有一种时间逼近的感觉，使之没有心存侥幸的余地。

3. 发出"最后通牒"的言辞要委婉

必须尽可能委婉地发出"最后通牒"。"最后通牒"本身就具有很强的攻击性，如果谈判者再言辞激烈，极度伤害了对方的感情，对方很可能由于一时冲动铤而走险，一下子退出谈判，这对

双方都是极为不利的。

刚柔相济，提高说服效果

强硬与怀柔，二者分开来用，人人都可以将其发挥到极致。然而这样做的效果往往不好，如果将两者结合起来，双管齐下，则会取得极佳的效果。

明朝时期，张嘉言驻守广州时，沿海一带设有总兵、参将、游击等官职。总兵、参将部下各有数千名士兵，每天的军粮都要平均分为两份。

参将的士兵每年汛期都要出海巡逻，而总兵所管辖的士兵都借口驻守海防，从来不远行。等到每过三五年要修船不出海时，参将部下的士兵只发给一半的军粮，如果没有船修而不出海，就要每天减去三分之一的军粮，以贮存起来待修船时再用。只有总兵的部下军粮一点也不减，当修船时另外再从民间筹集经费。这种做法已沿袭很久，彼此都视为理所当然。

不料，有一天，巡按将此事报告了军门，请求以后将总兵部下的军粮减少一些，留待以后准备修船时再用。恰巧，这位军门和总兵之间有矛盾，于是就仓促同意削减军粮。

总兵各部官兵听到消息后，立即哄然哗变。他们知道张嘉言在朝廷中很有威信，就径直围逼到张嘉言的大堂之下。

张嘉言神色安然自若，命令手下人传五六个知情者到场，说明事情真相。士兵们蜂拥而上，张嘉言当即将他们喝下堂去，说："人多嘴杂，一片吵闹声，我怎么能听清你们说些什么。"

士兵们这才退下。当时正下大雨，士兵们的衣服都淋湿了，张嘉言也不顾惜，只是叫这几个人将情况详细说明。这几个人你一言我一语，都说过去从来没有扣减总兵官兵军粮的先例。

张嘉言说："这件事我也听说了。你们全都不出海巡逻，这也难怪上司削减你们的军粮了。你们要想不减也可以，不过那对你们并没有什么好处。上司从今以后会让你们和参将的士兵一样每年轮换出海巡逻，你们难道能不去吗？如果去了，那么你们也会同他们一样，军粮会被减掉一半。你们费尽心机争取到的东西还是拿不到的，这些肯定要发给那些来替换你们的士兵。如果是这样，你们为什么不听从上司，将军粮稍微减少一点呢？而你们照样还可以做你们大将军的士兵。你们再认真考虑一下吧！"

这几个人低着头，一时无法对答，只是一个劲地说："求老爷转告上司，多多宽大体恤。"

张嘉言问："你们叫什么名字？"

他们都面面相觑不敢回答。

张嘉言顿时骂道："你们不说姓名，如果上司问我'谁禀告你的'，让我怎么回答？"

这几个人只好报了自己的姓名，张嘉言一一记下，然后对他们说："你们回去转告各位士兵，这件事我自有处置，劝他们不要闹了。否则，你们几个人的姓名都在我这儿，上司一定会将你们全部斩首。"

这几个人顿时吓得面容失色，连连点头称是，退了出去。

后来，总兵部下的士兵每日被扣军粮，士兵们竟然再也没有闹事的。张嘉言的这招恩威并施堪称经典。

在说服他人的过程中，采用刚柔相济的劝诫之术，一方面能使别人体面地"退"，另一方面又坚持自己的原则，使自己的主张得到采纳，这种方法为许多事情的处理留有余地。

点到他的利害之处，让说服更有效

说服别人就像"打蛇打七寸"一样，抓住对方切身利益的得失，会使他的心弦受到颤动，促使他深入思考，从而放弃自己消极的、错误的行动。

20世纪90年代，春风剧场门前有一位年近六旬的老太太摆着一个小摊，卖瓜子、花生之类的小食品。某日，市里要检查卫生，剧场管理员小王要老太太回避一下，说："老太太，快把摊子挪走，今天这里不许卖东西。""往天许卖，今天不允许卖，世道又变了吗？""世道没有变，检查团要来了。""检查团来就不许卖东西？检查团来了还许不许吃饭？""检查团来了，地皮不干净要罚款的。"小王加重了语气。"地皮不干净关我什么事，他肥肉吃多了拉稀屎，能去罚卖肉的款吗？"小王无言以对，悻悻而退。管理自行车的老刘师傅随后走了过来，说道："老嫂子，你这么把年纪，没早没晚的，又能挣几个钱？检查团来了，真罚你一笔，你还能打场官司不成？再说，检查团不会天天来，饭可是要天天吃，生意可是要天天做的。""嗯！姜还是老的辣。好，我走，我走。"老太婆边说边笑着把摊子挪走了。

管理员小王之所以劝阻不成反讨没趣，是因为他只是一味地讲抽象的大道理，却没有站在老太太的角度上耐心地帮助她分析利弊。而老刘师傅就懂得这一点，他从老太太的切身利益出发，向她指出了只考虑眼前的小利而不顾长远利益的不良后果，使她真正认识到了自己固执行为的不明智，于是心服口服地接受了规劝。

巴西球王贝利，在很小的时候就显示出了踢球天赋，并且取得了不俗的成绩。

有一次，小贝利参加了一场激烈的足球比赛。赛后，伙伴们都精疲力竭，有几位小球员点上了香烟，说是能解除疲劳。小贝利见状，也要了一支。他得意地抽着烟，看着淡淡的烟雾从嘴里喷出来，觉得很潇洒、很前卫。不巧的是，这一幕被前来看望他的父亲撞见了。晚上，贝利的父亲坐在椅子上问他："你今天抽烟了？"

"抽了。"小贝利红着脸，低下了头，准备接受父亲的训斥。

但是，父亲并没有这样做。他从椅子上站起来，在屋子里来回地走了好半天，这才开口说话："孩子，你踢球有几分天赋。如果你勤学苦练，将来或许会有点儿出息。

"但是，你应该明白足球运动的前提是你具有良好的身体素质，可今天你抽烟了。也许你会说，我只是第一次，我只抽了一根，以后不再抽了。但你应该明白，有了第一次便会有第二次、第三次，每次你都会想：仅仅一根，不会有什么关系的。但天长日久，你会渐渐上瘾，你的身体就会不如从前，而你最喜欢的足球可能因此渐渐地离你远去。"

父亲顿了顿，接着说："作为父亲，我有责任教育你向好的方向努力，也有责任制止你的不良行为。但是，是向好的方向努力，还是向坏的方向滑去，主要还是取决于你自己。"说到这里，父亲问贝利："你是愿意在烟雾中损坏身体，还是愿意做个有出息的足球运动员呢？你已经懂事了，自己做出选择吧！"

说着，父亲从口袋里掏出一沓钞票，递给贝利，并说道："如果不愿做个有出息的运动员，执意要抽烟的话，这些钱就作为你抽烟的费用吧！"说完，父亲走了出去。小贝利望着父亲远去的背影，仔细回味着父亲那深沉而又恳切的话语，不由得掩面而泣。过了一会儿，他止住了哭泣，拿起钞票，来到父亲的面前："爸爸，我再也不抽烟了，我一定要做个有出息的运动员！"从此，贝利训练更加刻苦。后来，他终于成为一代球王。至今，贝利仍旧不抽烟。

一个人最关心的往往是与自己有关的利益。因为人们毕竟生活在一个很现实的社会里，虽不能说"人为财死，鸟为食亡"，但人要生存，就离不开各种与己有关的利益。所以，当你想要劝说某人时，应当告诉他这样做对他有什么好处，不这样做则会带来什么样的不利后果。相信他不会不为所动。

表明好处在先，说服人更易

让对方知恩图报，心甘情愿地帮你办事是寻求别人帮助的一个很好的方法。为此，你不妨先让对方知道一些好处再提出要求。

法国国王路易十四当政期间，王室挥金如土，穷奢极侈，出现了严重的财政危机。路易十四为满足其挥霍享用的需要，打算向著名银行家也就是自己的老朋友贝尔纳尔借钱，可遭到了拒绝。

因为贝尔纳尔早已听闻此事，而且傲气十足。虽要借钱，国王也不能卑躬屈膝吧？路易十四左思右想，设下一计：

一天下午，国王从马尔利宫走出来，和经常陪同他的宫廷人员一起逛花园。他走到一幢房子前停了下来，那座房子的门敞开着，德马雷正在里面举行盛宴款待贝尔纳尔先生。当然，这桌宴席是事先奉国王之命准备的。

逻辑说服力——如何有逻辑地说服人

德马雷看见国王，急忙上前行礼。路易十四满面笑容，故作惊讶地看着他们说："啊！财政总监先生，我很高兴看到你和贝尔纳尔先生。"国王又转向后者说："贝尔纳尔先生，我的老朋友，好久不见。对了，你从来没有见过马尔利宫吧，我带你去看看，然后我把你再交给德马雷先生。"

这是贝尔纳尔没有料想到的事，他觉得能得到国王的邀请非常幸福和荣幸，于是跟在国王身后到养鱼池、饮水槽，在塔朗特小森林和葡萄架搭成的绿廊等处游玩了一遍。

国王一边请贝尔纳尔观赏，一边滔滔不绝地说了些漂亮话。路易十四的随从们知道他一向少言寡语，看到他如此讨好贝尔纳尔都感到很惊奇。

游玩之后，路易十四还送给了贝尔纳尔一箱非常珍贵的葡萄酒，说希望他们的友谊地久天长。贝尔纳尔极其兴奋，答谢后回到德马雷那里。他赞叹国王对他如此厚爱，说他甘愿冒破产的危险也不愿让这位优雅的国王陷入困境。

听了这番话，德马雷趁着贝尔纳尔心醉神迷的时候，提出了向他借600万元巨款的要求，贝尔纳尔欣然应允。

这600万元可不是一笔小数目。路易十四如愿以偿，当然不只是因为他们的朋友关系和国王的面子，还与他的"糖衣战法"求人策略有很大关系。

一旦接受了人家的好处，再拒绝人家的请求，就不那么好意思开口。"滴水之恩，必涌泉相报"，聪明人喜欢运用这一战术。

因此在求人帮忙时，尤其是一些交情不太深厚的朋友，我们不妨先给他们点"甜头"，让对方高兴或欠下人情，这样他们就会全力帮助我们了。

把话说到对方心窝里

日本有一个这样的故事：真田广之为已过世的父亲守灵。

他的老家离东京很远，即使坐电车也要花 3 个钟头，而且那时的电车还不像现在这样间隔时间短，可以说交通很不方便。当时他心里想：外地的亲戚朋友是不可能前来凭吊的了。但出乎意料的是，在整个晚上都没有任何一个亲属到来的情况下，一个女子突然出现在他的面前。

"田中小姐，你怎么来了……"

当时真田简直感动得难以言表，因为她不过是他的一名同事而已，真难以想象她会在下班之后，特意搭乘电车赶到他的老家来。况且当时天色已经很晚，她又不太认得路，肯定是挨家挨户询问才找到他家的。

"你经常来这里？"

"不，今天是第一次，我只是想来凭吊一番……"

"太谢谢你了，太谢谢你了！"

真田简直感动得不知道该说什么才好，心想，她是个多么好的同事啊！这位同事的确拥有很好的人际关系，在公司里，不论男女都是这么认为的。她得到了大家的信任，只要是她说的话，大家都认为不会错，而且也愿意按照她说的去做。这同时也表示，她是个说服力极强的人。

经过那晚的谈话，真田明白了她之所以说服力极强的秘密。平时别人遇到什么麻烦，田中小姐总是会伸出援助之手，这令所有人都为之感动。先得了人心，别人自然会心甘情愿听她的话。

可能平时我们没有太多时间和精力去助人为乐，但该事例告诉了我们一个关键信息，就是说服他人的核心点在于征服他人的内心，使对方在情感上有所共鸣。

文学家李密曾在蜀汉时担任过尚书郎的官职，蜀汉灭亡后，其居家不出。晋武帝知道他有才干，便下诏命他进朝为太子洗马，但李密拒绝了。为此，晋武帝大怒。在这种情况下，李密写了一封信给晋武帝："……我想圣明的晋朝是以孝来治理天下的，凡是年老之人，都得到了朝廷的怜恤和照顾，何况我祖孙孤零困苦的情况特别严重。

"我年轻的时候在蜀汉朝做官，任职郎中，本来就希望仕途显达，并不矜持名声节操。现在我是败亡之国的低贱俘虏，身份卑微的人，受到过分的提拔，宠幸的委命已经非常优厚，哪里还敢迟疑徘徊，有更高的渴求呢？

"只是因为我祖母刘氏如西山落日，已经是气息短促，生命不长。我如没有祖母的抚育，就难以有今日。祖母如失去了我的奉养，也就无法多度余日。祖孙二人相依为命，因此我实在不能抛开祖母离家远行。

"微臣李密今年44岁，祖母刘氏今年96岁。这样，我为圣上尽忠效力的日子还长，而报答祖母养育之恩的日子短呀！故此我以这种乌鸦反哺的私衷，乞求陛下准允我为祖母养老送终。

"恳请陛下怜恤我的一片愚诚，慨允我微小的志愿，使祖母刘氏可以侥幸保其晚年，我活着也将以生命奉献陛下，死后也要结草图报。臣内心怀着难以承受的惶恐，特地作此书，奏闻圣上。"

这就是流传百世的《陈情表》。将心比心，以情说理，李密在柔言细语中陈述自己的处境。武帝颇为感动，心头的怒火也自然平息了，他还赐给李密奴婢二人，并令郡县供养其祖母。

杰克·凯维是加利福尼亚州一家电气公司的一位科长，他一向知人善任，并且每当推行一个计划时，总是不遗余力地率先做榜样，将最困难的工作承揽在自己的身上，等到一切都上了轨道之后，他才将工作交给下属，而自己退身幕后。虽然他这种处理事情的方法是很好的，但他太喜欢为他人做表率，所以常常让人觉得他似乎太骄傲了。

最近不知怎么回事，一向精神奕奕的凯维却显得无精打采。原来最近的经济极不景气，资金方面周转不灵，再加上预算又被削减，使得科里的运转差点停顿。这种情形若继续下去，后果一定不可收拾。于是他实施了一套新方案，并且鼓励职工："好好干吧！成功之后一定不会亏待你们的。"但没想到眼看就要达到目标，结果还是功亏一篑，也难怪他会意志消沉了。平日对凯维就极为照顾的经理看了这些情形后，便对他说："你最近看起来总是无精打采的，失败的挫折感我当然能够理解，但是我觉得你之所以会失败，是因为你只是一味地注意该如何实现目标，却忽略了人际关系这种软体的工程。如果你能多方考虑，并多为他人着想，这种问题一定能够迎刃而解。"经理停顿了一下，又接着说："大丈夫要能屈能伸，才是一个好的管理人员。我觉得你就是进取心太急切了，又总喜欢为职工做表率，而完全不考虑他们的立场，认为他们一定能如你所愿地完成工作，结果倒给了职工极大的心理压力。大概也就是因为这个缘故，所以大家都说你虽能干，但你的部属却很为难。每个人当然都知道工作的重要性，所以你实在大可不必再给他们施加压力。你好好休息几天，让精神恢复过来，至于工作方面，我会帮助你的。"

杰克·凯维的一段亲身经历让我们知道，必须站在别人的立场，将心比心才能真正达到说服对方的目的。否则，再多的自信和能力也无法让别人服从你。会打棒球的人都知道，当我们要接球时，应顺着球势慢慢后退，这样球劲便会减弱。

与此相似，我们在说服他人的时候，如果能将接棒球的那一套运用过来，相信说服会变得更容易。

唐代大诗人白居易说："感人心者，莫先乎情。"意思是说，要说服人、打动人，必须动之以情。言语必须是诚心诚意的，发自内心、富有人情味和同情心，让人听后觉得你是真心为他好，是设身处地地为他着想，而不是在应付他。相反，冰冷的态度、程式化的言辞，都会引起对方的逆反心理，增加说服的难度。

林肯在当律师时曾碰到这样一件事：

有一位老妇人是美国独立战争时一位烈士的遗孀，每月只靠抚恤金维持生活。前不久出纳员非要她交纳一笔手续费才允许领钱，而这笔手续费相当于抚恤金的一半，这分明是勒索。

林肯知道后怒不可遏，他安慰了老妇人，并答应帮助她打这个没有凭据的官司，因为出纳员是口头勒索。

开庭后，因原告证据不足，被告矢口否认，情况显然不妙。林肯发言时，上百双眼睛都盯着他。

林肯首先把听众引入对美国独立战争的回忆，他两眼闪着泪花，述说爱国战士是怎样揭竿而起，又是怎样忍饥挨饿地在冰天雪地里战斗。渐渐地，他的情绪变激动了，言辞犹如挟枪带剑，锋芒直指那个企图勒索的出纳员。最后他以严正的设问，做出了令人怦然心动的结论："1776 年的英雄早已长眠地下，可是他们那衰老而可怜的遗孀还在我们面前，要求代她申诉。这位老人也曾是位美丽的少女，曾经有过幸福愉快的生活。不过，她已牺牲了一切，变得贫穷无依，不得不向自由的我们请求援助和保护，而这自由是用革命先烈的鲜血换来的。试问，我们能熟视无睹吗？"发言至此，戛然而止。听众早已激动了：有的捶胸顿足，扑过去要撕扯被告；有的泪水涟涟，当场解囊捐款。在听众的一致要求下，法庭通过了保护烈士遗孀不受勒索的判决。

步步为营，循循善诱

　　美国前总统华盛顿年轻时，家里的一匹马被邻人偷走了。华盛顿同一位警官到邻人的农场里去索讨，但那人口口声声说那是自己的马而拒绝归还。华盛顿用双手蒙住马的双眼，对邻人说："如果这马是你的，那么，请你告诉我们，马的哪只眼睛是瞎的？"

　　"右眼。"

　　华盛顿放开蒙右眼的手，马的右眼并不瞎。

　　"我说错了，马的左眼才是瞎的。"邻人急忙争辩说。

　　华盛顿放开蒙左眼的手，马的左眼也不瞎。

　　"我又说错了。"邻人还想争辩。

　　"是的，你错了。"警官说，"这证明马不是你的，你必须把马立即交给华盛顿先生。"

　　华盛顿在这里运用循循善诱，步步为营的方法，让小偷上钩，露出马脚。

　　同样在销售活动中，销售人员可以采用步步为营的方法促使顾客购买商品。通常，在促使顾客做出购买决定之前，销售人员应该有步骤地向顾客提出一些问题，让他就交易的各个组成部分一一做出决定。特别是一些部件多、结构复杂、配套材料多的商品使用这种方法比较适合。

例如：

售货员微笑着对顾客说："您喜欢哪一种颜色？"

顾客："我对蓝颜色较为感兴趣。"

售货员："您需要一顶太阳篷吗？一些豪华轿车就配有这种太阳篷。尤其是在夏天，轿车是很有必要配备太阳篷的，您难道不这样认为吗？"

顾客："你说得对，但这个太阳篷太贵了。"

售货员："各种型号的汽车都装有雾灯。因为当你在秋天、冬天或者春天比较寒冷的日子里行车的时候，雾灯是必不可少的。"

顾客："我个人认为配备雾灯是没有必要的。它只会抬高汽车的价格。另外，在天气不好的情况下，我肯定不会经常开车外出的。"

售货员："把座位往后推到这个位置，你坐在里面感觉舒服吗？坐在这个位置上开车感到很方便吧？"

顾客："还可以，不过我想座位还是稍高一点好。"

售货员："把座位调高一点很容易，你看还有哪些地方需要改进？"

如果你分段地有步骤地向顾客介绍产品，顾客就不必马上做出是否正式购买的决定，这样就得引导顾客深入。尽管他会对产品的供销做出否定的回答，比如上面例子中关于雾灯和座位高低的问题，但是，这对于生意人来说并不是什么坏事情，因为它否定了产品与顾客个人愿望有关的部分而非全部。尽管你和顾客之间有分歧，但只要这个分歧是涉及某个问题，那它就不会对达成交易产生危害。

第七章
先听后说，避开逻辑圈套
做出有效的回应

做个倾听高手

在日常生活中，能聆听别人意见的人，必是一个富有思想，有缜密的思维和谦虚性格的人。这种人在人群中，起初也许不太引人注意，但最后必是最受人敬重的。因为他虚心，所以受所有人欢迎；因为他善于思考，所以便为众人所敬仰。

怎么去做一位"听话"的高手呢？首先是要"专注"。别人和你谈话的时候，你的眼睛要注视着他，无论他的地位和身份比你高或是低，你都必须这样做。只有虚浮、缺乏勇气或态度傲慢的人才不去正视别人。

其次，别人和你说话时，不可做一些与此无关的事情，这是不恭敬的表现。而且当他偶然问你一些问题，你就会因为不留心听他所说的话而无从回答了。

聆听别人的话时，偶尔插上一两句赞同的话是很好的，不完全明白时加上一个问号也是非常必要的，因为这正表示你对他的话留心了。

但是，你不可以把发言的机会抢过来，就滔滔不绝地说自己的，除非对方的话已告一段落，该轮到你说话时才可以这样做。

无论他人说什么，你不可傲慢纠正他的错误，如果因此而引起对方的反感，那你就不可能成为一个良好的听众了。批评或提出不同意见也要讲究时机和态度，否则，好事会变成坏事。

有些人常喜欢把一件已经对你说过好几次的事情重复地说，也有些人会把一个说了好多次笑话的还当新鲜的东西。

你作为一位听众，此时要练习忍耐的美德了。你不能对他说"这话你已经说过多次了"，这样会伤害他的自尊心。你唯一能做的事是耐心地听下去，你心里明白他可能是一个记忆力不好的人。而且他对你说话时充满了好感和诚意，你应该同样用诚意来接受他的诚意。

但如果说话的人滔滔不绝而你又毫无兴趣，觉得花时间和精力去应酬他是十分不值得的。这时，你应该用更好的方法，使他停止这乏味的话，但千万要注意，不可伤害他的自尊心。

最好的方法是巧妙地引他谈第二个话题，尤其是一些他内行而你又感兴趣的话题。

为了让自己更会"听话"，最好还要做好以下5个方面的训练：

（1）训练"听话"时的注意力。想听得准确，必须排除干扰。可以用这样的方法来训练：同时打开两台以上的收音机，播放不同内容，然后复述各个收音机播放的内容。

（2）训练"听话"时的理解力。可用这样的方法：找朋友闲聊，但要有意识地锻炼自己的理解力。

（3）训练"听话"时的记忆力。就是学会边听边归纳内容要点，记住关键性词语，以及重要的事实和数据。

（4）训练"听话"时的辨析力。即迅速分辨出争论各方的不同观点和逻辑关系，并加以评析。

（5）训练"听话"时的灵敏力。即能很好地在各种场合与各种对象交谈。

经过足够的训练，再加以实际锻炼，你一定会成为一名"听话高手"。

让出谈话的主动权，满足他人的倾诉欲

有人说："不肯留神去听人家说话，这是不能受人欢迎的原因的一种。一般的人，他们只注重于自己应该怎样说下去，绝不管人家要怎样说。须知世界上多半是欢迎专听别人说话的人，很少欢迎自己说话的人。"

与人交谈时要暂时忘记自己，不要老是没完没了地谈个人生活、自己的孩子、自己的事业。你要在交谈中给对方发表意见的机会，可以尽量去引导别人说他自己的事情。同时，你以充满同情和热诚的心去听他的叙述，一定会让对方高兴，给对方留下最佳的印象。

如果有几个朋友聚在一起谈话，当中只有一个人口若悬河，其他人只是呆呆地听着，这就成了他的演讲会，让在场的其他人感到无可奈何和愤怒。每个人都有着自己的发表欲。小学生对老师提出的问题，争先恐后地举起手来，希望教师让自己回答。即使他对于这个问题还不是彻底地了解，只是一知半解地懂了一些皮毛，还是要举起手来的，也不在乎回答错误要被同学们耻笑。这就说明人的表现欲是天生的，因为小学生远不如成年人有那么多顾虑。成人们听着人家在讲述某一事件时，虽然他们并不像小学生那样争先恐后地举起手来，然而他的喉头老是痒痒的，他恨不得对方赶紧讲完了好让他讲。

阻遏别人的发表欲，人家一定不高兴。你在此情况下就很难得到别人的认同，为什么要做这样的傻事呢？你不但要让别人有

发表意见的机会，还得设法引起别人说话的欲望，使人家感觉到你是一位使人欢喜的朋友，这对一个人的好处是非常之大的。

在与人交谈的过程中，与其自己唠唠叨叨地说废话，还不如爽爽快快让别人去说，反而会得到意想不到的结果。如果能够给别人说话的机会，你就给别人留下了一个好印象。以后，别人就会更愿意与你交谈了。

能说会道的人很受欢迎，而善于倾听的人才真正深得人心。话多难免有言过其实之嫌，或者被人形容为夸夸其谈。静心倾听就没有这些弊病，倒有兼听则明的好处。用心听，给人的印象是谦虚好学，是专心稳重，诚实可靠。所以，有时候用双耳听比说更能赢得他人的认可和赞誉。

让他做出承诺，就容易达到你的目的

心理学家托马斯·莫里亚蒂曾经在纽约市的海滩上做过一个实验，实验的目的是探究人的偷窃行为，观察旁观者会不会舍弃个人安全去阻止身边的偷窃者，以遏制犯罪行为的发生。

在实验中，实验人员会在海滩上随便找个人作为实验对象。开始的时候，实验人员会躺在距离实验对象大约 5 英尺（约 1.5 米）的浴巾上，并且很惬意地听着收音机里传出来的音乐，享受着凉爽的海风。但几分钟之后，他会从浴巾上爬起来，向前面的大海走去。这时，第二位实验人员会假扮成一个小偷，他悄悄地来到第一个实验人员刚才待过的地方，拿起收音机迅速地离开现场。

可以想象：一般情况下，旁观者是不会冒险去阻止小偷的犯罪行为的。实验最终证明了这一观点。托马斯发现，在 20 次的实验中，20人中仅有4人挺身而出，阻止小偷的犯罪行为，其他人都视而不见。

尔后，实验者又进行了20次实验，与上一次不同的是，这次实验略有改变，改变发生在实验人员离开时。这次当实验人员离开的时候，他会对身边的实验对象说："您好，我想去游会儿泳，麻烦您帮忙照看一下我的这些物品好吗？"当然，每一个实验对象都答应了。这次实验的结果是20人中有19人挺身而出，成为阻止犯罪的孤胆英雄。他们中的很多人都追赶着小偷，迫使其停下来并做出合理的解释。而有的人则干脆问也不问，紧追上去，一把抢过他手里的收音机，并扬言叫警察来处理。

这种心理效应，可以作为一种影响力武器应用到生活的各个方面。先巧妙地让人对你做出一定承诺，只要对方做出承诺，就会受到一种无形力量的牵制，不会轻易改变。因此，我们可以利用承诺的力量来促使人们做出某种行为。

俗话说："言必信，行必果。"这是我们为人处世的一种行为准则，它有很大的约束力。如果我们能巧妙地使人们对自己做出承诺，那么就容易达到自己最初的目的。

沉默有时是最好的说服方式

大家都认为，既是说服，当然就得凭借好口才。其实，偶尔采取沉默战术同样可以达到说服的效果。沉默可以引起对方注意，使对方产生迫切想了解你的念头。以下我们就来看看一个利用沉默成功说服的例子。

一家著名的电机制造厂召开管理员会议，会议的主题是"关于人才培育的问题"。会议一开始，山崎董事就用他那特有的声音提出自己的意见。

"我们公司根本没有发挥人才培训的作用，整个培训体系形同虚设，虽然现在有新进职员的职前训练，但之后的在职进修却成效不明显。职员们只能靠自己摸索来熟悉工作，这很难与当今经济发展的速度衔接在一起，因而造成公司职员素质水平普遍低落、效益不高。所以我建议应该成立一个让职员进修的训练机构，不知大家看法如何？"

社长提出了不同意见："你所说的问题的确存在，但说到要成立一个专门负责培训职员的机构，我们不是已经有 OJT（On the job Training 职员训练）了吗？据我了解，它也发挥了一定的功用，我认为这一点可以不用担心……"

山崎又说："诚如社长所说，我们公司已经有 OJT 组织，但它是否发挥实际作用了呢？实际上，职员根本无法从中得到任何指导，只能跟着一些老职员学习那些已经过时的东西，这怎么能够将职员的业务水平迅速提升呢？而且我观察到许多职员往往越做越没有信心、越做越没干劲。所以，我认为 OJT 的功能不明显，所以还是坚持……"

"山崎，你一定要和我唱反调吗？好，我们暂时不谈这个话题，会议结束后我们再做一番调查。"

就这样，一个月后公司主管们重新召开关于人才培训的会议。这次社长首先发言："首先我要向山崎道歉，上次我错怪他了。他的提案中所陈述的问题确实存在。这个月我对公司的 OJT 进行了抽样调查，结果发现它竟然未能发挥应有的功效。因此，今天召集大家开会是想讨论一下应该如何改变目前人才培育的方法，请大家尽量发表意见吧！"

社长的话一出口，大家就开始七嘴八舌地提出建议。但令人奇怪的是，这一次山崎董事却始终一言不发地坐在原位，安静地聆听着大家的意见，直到最后他都没说一句话。

会议结束以后，社长把山崎董事叫进社长办公室。"今天你怎么啦？为什么一句话也不说？这个建议不是你上次开会时提出来的吗？"

"没错，是我先提出来的。不过上次开会我把该说的都说了，其实那无非是想引起社长您对这个问题的重视罢了。现在目的已经达到，我又何必再说一次呢？还不如多听听大家的建议。"

"是吗？不错，在此之前我反对过你的提议，你却连一句辩解也没有。今天大家提出的各种建议都显得很空洞，没有实际的意义，反倒是你的沉默让我感到这个问题带来的压力。这样吧，这件事就交给你去办好了！从今天起由你全权负责公司的人才培训工作。请好好努力吧！"

在特定的环境中，缄默常常比论辩更有说服力。我们说服人时，最头痛的是对方什么也不说。反过来，如果劝者什么也不说，对方的错误意见就找不到市场了。

不同的缄默方式有不同的作用，运用时必须恰到好处。

咄咄逼人的缄默能使人不攻自破。有一个出生在有一定教养家庭的小学生，一天他拿了同学的一件好玩具。晚饭前回来，他装出一副若无其事的样子，同往常一样笑吟吟地说："妈，我回来了！"缄默。"姐，我饿了。"缄默。"怎么了？"缄默。"我没做错事啊？"还是缄默。妈妈眼睛瞪着他，姐姐背对着他，全家都冷冰冰地对待他。他终于不攻自破了："我错了……"

平平淡淡的缄默能发人深省：有些人态度很积极，但发表意见时不免有些偏颇，直截了当地驳回又易挫伤其积极性，循循诱导又费时，精力也不允许，最好的办法便是平平淡淡地缄默。他说什么，你尽管听，"嗯""啊"……什么也不说，等他说够了，告辞了，再用适当的不带任何观点的中性词和他告别："好吧"或"你再想想"。别的什么也不说。如此，他回去后定然要好好想想：今天谈得对不对？对方为什么不表态？错在哪里？也许他会向别人请教，或许会自己悟出真谛。

转移话题的缄默能使人乐而忘求：对要回答的问题保持缄默，而选准时机谈大家的热门话题并引人入胜，使对方无法插入自己的话题，且从谈话中悟出道理，检讨自己。

义无反顾的缄默能使人就范：某领导有一次交代下属办一件较困难的任务，当然，他能胜任。交代之后，对方讲起了"价钱"。于是该领导义无反顾地保持缄默，连哼也不哼。困难如何大、条件如何差、时间如何紧……说着说着他就不说了，最后说了一句："好，我一定完成。"

沉默是金，有时沉默不语能够出奇制胜，如果滔滔不绝有时反而有理说不清。

有时候，在沉默的同时以另一种行动的方式来代替口头表达，说服的效果是妙上加妙的。

就拿领导来说，其行动对他的部下必然产生很大的影响，因此，领导要有身先士卒、上最前线的风范，以推动工作的开展。

建立起"西武王国"的堤康次郎曾经多次教育他的儿子—长大后成为日本西武铁路公司总裁的堤义明说："要让职员们跟随你，你必须要比别人多干3倍的工作。"

堤康次郎是以他的经验教育经营者应该具有的态度，这句话也同样适合于任何一位担任领导和主管工作的人。

想要别人做到的，首先要自己带头去做，否则不但说服起不了什么效果，部下也不会服从。"比别人多干 3 倍的工作"比使用任何语言更具说服力。

身体力行是说服部下的先决条件。

光说不干，指手画脚，是绝不可能充分说服部下开展工作的。俗语说得好："说一千，道一万，不如自己干一干。"自己率先实行的态度，比对部下讲大道理更具说服力。此种无言的说服是最好的说服。

说服他人前，先做一个善解人意的倾听者

学会倾听就是对别人极大的尊重，也是真心实意关心别人的表现。而真正充满智慧的人正是那些懂得倾听的人。

我们在工作中往往习惯于单纯地向别人灌输自己的思路，要记住沟通是双向的，要放弃你身份的观念，以平等的、恭敬的、尊重的心去听。遭遇倾诉其实是一件很幸运的事情，这说明对方把你当作可以敞开心扉的人，通过倾诉，你们可以加深了解，关系会变得更融洽亲密。

一般人在交谈中，倾向于以自己的意见、观点、感情来影响别人，因而往往谈个不停，似乎非如此无法达到交谈的目的。实际上，与人交谈，光做一个好的演说者不一定成功，还须做一个好的听众。

外国曾有谚语说"用十秒钟的时间讲，用十分钟的时间听"。在人们面对面的交谈中，讲与听是对立统一的，认真地去听，可以收到良好的谈话效果。只有善于聆听的人，才懂得"三人行，

必有我师"的道理，才能够利用一切机会博采众长，丰富自己，而且能够留给别人讲礼貌的良好印象。

曾经有个小国的人到中国来，进贡了三个一模一样的金人，把皇帝高兴坏了。可是这小国的人不厚道，同时出一道题目：这三个金人哪个最有价值？皇帝想了许多办法，请来珠宝匠检查，称重量，看做工，都是一模一样的。

怎么办？使者还等着回去汇报呢。泱泱大国，不会连这个小事都不懂吧？最后，有一位老大臣说他有办法。皇帝将使者请到大殿，老臣胸有成竹地拿着三根稻草，插入第一个金人的耳朵里，这稻草从另一边耳朵出来了。第二个金人的稻草从嘴巴里直接掉出来，而第三个金人，稻草进去后掉进了肚子，什么响动也没有。老臣说：第三个金人最有价值！使者宣布答案正确。

第一个小金人，把稻草插入它的耳朵里，稻草就立刻从另一边耳朵出来了，说明忽视信息，让信息左耳进，右耳出的人，根本不去关注别人的话。这样的人，在组织中常常表现出心不在焉的样子，沉迷于自我的世界，不关注外界的事情。

第二个小金人，把稻草插入它的耳朵里，稻草从嘴巴里直接掉了出来，说明是那种对信息不加判断的人，长了个大嘴巴，把听来的事情，不加判断就进行传播，不知道什么事该传播，什么事不该传播。任何组织中，都会有这样的人，而且可能比第二个小金人更加麻烦，在传播过程中添油加醋，四处散布。对于企业来说，这样的成员，有时候会引来很多是非。

第三个小金人，稻草从耳朵进去后掉进了肚子，什么响动也没有。他是那种能够做到"善于倾听，分辨是非，消化在心"的人。因此，这就是最有价值的人。

　　这个故事告诉我们，最有价值的人，不一定是最能说的人。老天给我们两只耳朵一个嘴巴，本来就是让我们多听少说的。善于倾听，才是成熟的人最基本的素质。因此，在交谈中，我们要学第三个小金人那样，能沉住气，重视倾听，三思而后说。

　　认真聆听对方的谈话，是对讲话者的一种尊重，在一定程度上可以满足对方的需要，同时可以使人们的交往、交谈更有效，彼此之间的关系更融洽。反之，对方还没有把将要说的话说完，你就听不下去了，这最容易使对方自尊心受挫，从而导致交谈不顺畅。世界著名的推销天才乔吉拉德就曾因没有倾听顾客说话而错失了一次成功交易的机会。

　　一天，乔吉拉德向一位客户销售汽车，交易过程十分顺利。当客户正要掏钱付款时，另一位销售人员跟乔吉拉德谈起昨天的篮球赛，乔吉拉德一边跟同伴津津有味地说笑，一边伸手去接车款，不料客户却突然掉头而走，连车也不买了。乔吉拉德苦思冥想了一天，不明白客户为什么对已经挑选好的汽车突然放弃了。

　　夜里11点，乔吉拉德忍不住给客户打了一个电话，询问客户突然改变主意的理由。客户不高兴地在电话中告诉他："今天下午付款时，我同您谈到了我们的小儿子，他刚考上密西根大学，是我们家的骄傲，可是您一点也没有听见，只顾跟您的同伴谈篮球赛。"

　　乔吉拉德明白了，这次生意失败的根本原因是因为自己没有认真倾听客户谈论自己最得意的儿子。

　　懂得如何倾听的人最有可能做对事情、赢得友谊，并且把握别人错过的机会。因为倾听不仅是耳朵听到相应的声音的过程，而且是一种情感活动，需要通过面部表情、肢体语言和话语的回应，向对方传递一种信息——我很想听你说话，我尊重和关心你。

倾听不仅可以满足对方的需要。与此同时，听还可以了解对方是否真正理解你刚才所说的话的含义。因此，一个善解人意的倾听者会从以下几个方面做起：

1. 用心倾听

倾听要用心、专注，也就是全神贯注，聆听的时候不要插嘴，尽量把你的语言减到最少，因为说话和聆听是不能同时进行的。轻松自如地和对方保持良好的目光接触，目光接触的另一个含义是"我正在听你讲话"。

2. 及时回应

在对方讲话的过程中，你要辅助以适当的表情、动作或简短的回应语句，这样才能激起对方继续谈话的兴趣。遇到听不清或没听懂的地方，可以用你自己的话重新复述对方刚刚说过的话，可以这样说："你的意思是……"这表明你在心无旁骛地倾听他说的话，同时，也能确认自己是否已经正确理解了对方表达的意思。

3. 不要轻易打断客户的谈话

倾听实际上是留给客户的谈话时间，认真倾听的态度会给客户留下良好的印象，所以在对方的谈话未完成之前，不要随意打断客户的谈话或插嘴、接话，而且更不能不顾客户的喜好，擅自谈论别的话题。

4. 不要做出分心的举动和手势

尽量避免做出让人感觉你的思想在游走的举动，这样说话者就知道你确实是在认真地倾听。在倾听时，不要一直看表，心不在焉地乱翻档案，随手拿笔乱写乱画，这些举动会让说话者感到你很厌烦，对话题不感兴趣，更重要的是，这表明你并没有集中注意力，因此很可能会漏掉说话者传达的一些有效的信息。

要想提高说服力，就要顺着对方的思路走

顺着对方的思路走，并不是不允许表达任何个人意见，而是避免自己成为别人眼里不合时宜的人。换而言之，顺着对方的思路走，再逐渐转引到你的目的上，这只是方法，而不是目的。这种一拉一推的方式，温和而避免尖端冲突，有时退一步比咄咄逼人更显得有力。

在说服别人的时候，不要急着表明自己的立场，先听别人说话，多点头，表示你在专注与附和。先顺着对方的思路引导，让对方觉得你是站在他的立场，征求他的意见，而不是想要改变他的观点，这样他就会放松警惕，顺着你的思路，最终达到你想要的效果。

对于无关紧要的事，没必要过于坚持己见，多点头就可以了。在《史记·滑稽列传》有一个"优孟谏楚王葬马"的故事：

楚庄王有一匹心爱的马，给它穿华美的衣服，养在富丽堂皇的屋子里，用蜜饯的枣干来喂它。结果这匹马因为喂得太肥，反倒死了。庄王非常痛心，派群臣给马办丧事，要用棺椁盛殓，依照大夫那样的礼仪来葬埋死马。众臣相劝，认为不可以这样做。庄王下令说："有谁再敢以葬马的事来进谏，就处以死刑。"

优孟听到此事，走进殿门，仰天大哭。庄王诧异，问其缘故，优孟答道："这是大王您最喜爱的马呀，理应厚葬！堂堂楚国，地大物博，国富民强，什么排场摆不出来呀。而大王只以大夫的丧礼来葬马，太寒酸了！我看应以国君的葬礼来安葬它。"

庄王问："那该怎么办呢？"

优孟说："应以雕玉为棺，文梓为椁，调动大批士卒修坟，征用大批百姓负土。送葬时，让齐国、赵国的使节在前面陪祭，让韩国、魏国的使节在后面护卫；为它造起祠庙，祀以太牢之礼，奉以万户之邑。这样一来，诸侯各国就都知道大王把马看得很尊贵，把人看得很卑微了。"

庄王一听，突然醒悟过来，深责自己险些铸成大错，遂打消了用大夫之礼葬马的念头。

庄王葬马，是一件很荒谬的事情。但正面规谏，明显无法取得效果，甚至会因此丧命。优孟的聪明之处就在于他没有继续直谏，而是采用顺水推舟的策略，顺着庄王荒谬的思路向前延伸，把楚庄王认为合理的东西作了极端的夸张，让楚庄王本人意识到行为的荒谬，才心悦诚服地弃非从谏。

由此可见，我们在说服别人时，要把说服对象的注意力转移到对方感兴趣的地方去，让对方清楚自己的行为最终可能导致的结果，对方自然而然知道你想要传达的思想，从而达到良好的效果。

顺着对方的思路去接近对方，一定要确定自己的行动目标，把握正确的行动步骤和方法，适时观察对方的反应，迅速地做出调整和应对。唯有如此才能使对方心悦诚服，达到说服的目的。如果你执着地坚持己见，和对方立场相对，把说服演变成争辩，当然会距目标越来越远了。

再看一则战国时代著名的军事家、大谋略家孙膑说服齐威王上山的故事：

一天，齐威王和孙膑来到一座山脚下。

"你能让我自愿走上山顶吗？"齐威王忽然问孙膑。

"陛下，我实在没有能力让您自愿走上山顶。不过，如果你在山顶上的话，我倒是能让您自愿走下来。"孙膑自信地说。

齐威王根本不信，就随孙膑上到了山顶。

"陛下，我已经让您自愿走上山顶了。"孙膑笑着说。

这是一个很典型的案例。这个策略主要是让对方出乎意料、意想不到。齐威王提此要求，意在不论孙膑使用何种手段，坚决不上山。但孙膑却采用先顺着齐威王的意思示弱，居然和他站在同一边。如此一来，孙膑以暂时的妥协退让引齐威王上套，让他在不知不觉中进入自己的预谋，最终成功说服齐威王上山。

所以，与他人交谈时，先不要急着切入正题，应当灵活地使对方在不知不觉当中落入你预先布置好的"陷阱"之中，从而达到自己的说服目的。

想要提高自己的说服力，顺利地说服别人，就要了解对方的想法，站在对方的立场、顺着对方的意思用语言消除对方的抵触心理，再因势利导，进而达到说服的目的。具体可以从以下几点做起：

1.学会多听

如果在说服中，一味地给别人灌输自己的观点，则犯了说服的大忌。每个人都有发表欲，尤其是在社会上取得一些成就的人士。当对方展开长篇大论时，可先做一个倾听者来满足对方的虚荣心，同时在对方的言语中了解对方的观念。然后顺着他表达的意思，表示赞同和钦佩，同时在适当的时机提出一些问题让对方给予指导。如此一来，对方心情大好，很可能会对你敞开心扉。说服第一步便有了成效。

2. 不对被说服对象的观点正面否定

当你和说服对象在交谈过程中，无论他的观点你多么无法认同，也不要正面否定。因为，一个人的思维不会因别人的抗拒而轻易改变。同时，你正面的否定会让对方下不了台面，甚至会因此和你起冲突。最终导致结果背道而驰。

3. 借势引导

这是说服过程中最关键的一步，如果你顺着对方的思路已经达到让对方满足的目的，此时把你的意思顺势巧妙地表达出来，不要引起对方的抗拒和不快。这个"巧妙的表达"就是引导。也就是说，在整个说服过程，一定要时时把握住"引导"的方向不变，才能达到你想要的效果。

总之，要想提高自己的说服力，就要学会因人因事制宜，用对方最容易接受的方式，在最恰当的时机说。

第八章
掌控他人，
说服就是有逻辑地攻心

说服从"心"出发

说服的最佳效果是双方达成共识，而启发对方进行心理位置互换，让对方设身处地体验别人的心理，主动调整自己的态度和行为方式，则是达到这一目的的行之有效的方法之一，这种方法就是将心比心术。技巧有以下几个方面：

1. 创造良好的谈话氛围

与好抵制者的交锋多半在会面开始前就注定要失败了。比如当你在与下属谈起以前那件事情时，你可以从那些非语言动作，如嘴巴紧张不安的抽动，无缘无故的咳嗽，搔头皮。可以看出，他头脑中的警报系统正在响起。使他害怕的原因是，他已经估计到这次见面可能有不愉快的结果。跟态度固执的下属谈话，需要创造良好的氛围，因此你一定不要那么严肃，而是应该采取令人愉快的建设性的态度。

2. 把话题紧紧控制在你的要求上

你最好学会在几秒钟之内讲出为促成变化而特地设计的妥协条件。例如，"小王，如果所有工作在星期五中午前修改完，那你星期五下午就可以休息了。好吗？"

你微笑着简要地讲明变化，接着说"好吗""同意吧"或者"我们就这么定吧"，不要多说，你提的是合理建议，给对方机会表示同意。如果在等待同意时保持微笑而且闭嘴不说话，就可以避免一个大错——继续讲下去。

3. 判断对方的真实想法

认真分析对方的反应，如果对方给你的回答不是"行"，那就要仔细分析他的反应，搞清楚他的反对是合理的还是抵制性的。把注意力集中在对方的反应上，同时切忌主观臆断。你让人搬一件重物，而他告诉你他的背部肌肉刚刚拉伤，这时你的表态一定要恰当。如果你把它错误判断为躲避工作的借口，那你就很可能面临一起投诉或伤残索赔。

对争辩也要作仔细分析。如果有人公开批评或不同意你的要求，你容易把它看作是抵制而加以拒绝。不要这样做。要耐心倾听，看看他的论点是否言之有理。如果他的情况情有可原，或者论据合理，就不要坚持让他服从你的要求。承认他的批评是正确的，感谢他指出这一点，收回或修改你的要求。

4. 堵死对方拖延推脱的企图

对方利用一个又一个抵制战术，想要避免变化并试图令你厌倦。在他得逞之前就要迅速采取行动。通过介绍抵制的可能后果，堵死对方拖延讨论的企图。

"杰斯，如果我们不能在 30 秒内就这件事达成一致，那么他就没办法了，只要……"警告对方即将面临的负面后果，不必采用强加于人的做法去吓唬对方，而是让可能的后果去起作用。

5. 巩固对方已有的转变

当对方同意做出你所要求的变化时，要落实整个"交易"。重述一遍变化的细节并征求他的同意。写成书面协议可能会有用处，然后由双方签署。

将心比心术是站在对方的角度谋划和考虑，理解对方的心理、对方的需求、对方的困难，因此这种说服方法容易使对方接受，并能达成统一认识。

永远站在别人的立场去想，并从对方的观点去看事物的趋向。如果你从书本学到的是这样的一件事，那就不难成为你一生事业的一个关键。

美国纽约市立大学的心理学家哈斯也说过："一个酿酒专家也许能给你许多理由来解释为什么某一种牌子的啤酒比另一种牌子的要好。但如果你的朋友，不管他对啤酒是否在行，教你选购某种啤酒，你很可能听取他的意见。"

另一位心理学家莫恩在加利福尼亚州一个海滩上搞了一个传播训练公司，在培训过程中他发现，最佳商品推销员都能模仿顾客的声调、音量和言辞，表现顾客的姿态和情调，甚至还能下意识地在呼吸动作上与顾客相协调，好像是顾客的一面镜子把顾客发出的每一个信号反射回去。

毋庸讳言，这种在具体行动上，甚至是些很微不足道的方面表现出来的在感情上与听众的亲近感与认同感，往往会使你得到巨大的感情回报和共鸣。而一旦建立了这种感情共鸣，就不需要任何苦口婆心地劝诫与说服。

寓理于情，攻心为上

说服对方最有效的方法其实不是"说"而是攻心，"以情感人"才是真正的成功。尤其是在说服权势者时，说服的攻势更不能直接展开，而是应该采用情理交融的方式。

常言道：动之以情，晓之以理，情不通则理不达。因此，从某种意义上来说，以情为先是进入对方内心世界、产生亲和力的重要因素。只有实现心灵的交流和情感的沟通，才能使对方心悦诚服。

　　人是有感情的动物，所以在待人接物时，话语中一定要充满着真情实意，这样才会产生语言魅力和感染力，从而取得圆满的实际效果。同样，要想把道理说得清楚，把事办得漂亮，也必须寓理于情。否则，就会事倍功半，背道而驰。

　　在一家大型酒店，一位外籍经理在检查客房时发现，房间里的各个角落都打扫得干干净净，几乎没有灰尘，床铺也很整齐。当他准备离开客房时却发现了一个严重的问题：茶几上的茶杯方向摆错了。

　　按照酒店要求，这几个茶杯的正确摆向应该朝向门口，好让客人一进门就看得见酒店的名字，借此传达酒店的品牌形象。但这种摆放方法，让客人无法在第一时间看到茶杯上酒店的名字。

　　外籍经理非常恼火，他当众批评了服务员的粗心大意，不负责任。而这位服务员虽然自知工作失职，但终因受不了被人当众斥责的尴尬与外方经理当场顶撞起来。她认为这只是一件小事，是经理故意针对她小题大做。结果，双方相持不下，互不相让。

　　事后外籍经理与中国经理沟通后才恍然大悟，外国人管理讲究制度，中国人讲究人情，他当众指责服务人员的行为难免让服务员感到自尊心受损，下不了台。第二天，外籍经理与他顶撞的服务人员进行沟通。

　　当外籍经理再次来到客房，发现这位服务员正在整理房间，茶杯的朝向摆对了，他们相视而笑。外籍经理向服务员道了歉，认为不应该在众人面前挫伤她的自尊心。他又进一步对这位服务员解释，杯子的摆法非讲究不可，因为它关系到酒店的品牌意识。

外方经理寓理于情的态度让这位服务员分外感动。她从内心深处认识到自己工作的疏忽带来的后果。从此，她格外注意这方面的细节。

当然，外籍经理严格执行酒店的管理制度，讲究规范化、科学化，这都是对的。服务人员工作上的失职在先，才会有外籍经理当众训斥她的一幕发生。但是外方经理忽略了一个重要事实，即由不同国情所带来的在文化和管理上的差异。所以，外籍经理在说理过程中就事论事、缺乏人情味的工作方式和态度，是导致这次不愉快事件发生的重要原因。

如果在说服他人时能巧妙地运用情感技巧，动之以情，晓之以理，就能征服对方，使他不由自主地成为情感的"俘虏"。以情为先，攻心为上，以自身的情感优势化解对方的顽固，能够收到事半功倍的效果。白居易所说的"动人心者莫先于情"，就是这个道理。

不同的态度与工作方法收到了不同的效果。对他人表现得情真意切，关怀体贴，别人就容易愉快地接受你的观点；冰冷的态度、公事公办的言辞，往往会引起对方的逆反心理。没有心理上的沟通作基础，即使有理，也不一定能使人信服。

小方一向学习优异，父亲因生意失败，欠下很多债，但父亲仍想方设法借钱让其读书。小方很懂事，不想读书了，以帮助父亲减轻压力。于是他的同学在知道后劝他说："你父亲生意失败，家里困难，这是现实情况。但你父亲在这么困难的情况仍送你来读书，就是希望你能有出息，将来比他强。依我看，这是你父亲生命中最重要的一笔投资，如果你现在不读了，我相信你父亲一定会很伤心。"小方在听了这番话语之后便很快振作起来，没过多久便成了年级的佼佼者。

感人心者，莫先乎情。人不仅具有理性，更是情感的动物。以情动人，是说服的必要前提。"寓理于情"就是把"理"放到情感中去。在说服的过程中，"理"是核心，如果脱离了"理"，"情"就变成了盲目的情感。只有把"理"贯穿在"情"当中，用"理"统帅"情"，才能收到好的效果。

如果想让说服取得成功，就要做到情与理的密切结合、综合运用和交替转化。如果没有情感的配合，只说些抽象的道理，将缺少震撼人心的力量及共鸣，更难以使人折服。具体可以参考以下两点：

1. 从对方的角度思考

每个人都有自己想问题的观点和角度，有自己特定的意愿和需求。在说服对方接受自己的观点之前，先从对方的角度思考怎样才能更容易接受，把充分了解对方意愿和想法的工作做在说服之前。如果只凭自己个人主观，认为怎样好就怎样做，容易导致说服失败。

2. 以事实引路，激发情感

想要取得良好的说服效果，就要从说服内容和被说服者的思想实际出发。在说服过程中有针对性地引用一些特例，再用真诚的态度讲明个中利害，引起对方情感的共鸣，自然而然地就达到想要的效果。

总之，在说服中，晓之以理是重要的一方面，以情动人则更是一个不可忽略的方面。情与理结合，理借情动人，这就是说服别人的最有效的方法之一。

互惠原则："大家好，才是真的好！"

在第一次世界大战中，有一次德国特种兵的任务是深入敌后去抓俘虏回来审讯。当时打的是堑壕战，大队人马要想穿过两军对垒前沿的无人区，是十分困难的。但是一个士兵悄悄爬过去，溜进敌人的战壕，相对来说就比较容易了。参战双方都有这方面的特种兵，他们经常被派出去执行任务。

有一个德军特种兵以前曾多次成功地完成了这样的任务，这次他又出发了。他很熟练地穿过两军之间的地域，出乎意料地出现在敌军战壕中。一个落单的士兵正在吃东西，毫无戒备，一下子就被缴了械。他手中还举着刚才正在吃的面包，这时，他本能地把一些面包递给对面突然出现的敌人。这也许是他一生中做得最正确的一件事了。

面前的德国兵忽然被这个举动打动了，并导致了他奇特的行为——他没有抓这个敌军士兵回去，而是自己回去了，虽然他知道回去后上司会大发雷霆。

这个德国兵为什么这么容易就被一块面包打动了呢？人的心理其实是很微妙的。人一般有一种心理，就是得到别人的好处或好意后，就想要回报对方。虽然德国兵从对手那里得到的只是一块面包，或者他根本没有要那个面包，但是他感受到了对方对他的一种善意，即使这善意中包含着一种恳求，这是很自然地表达出来的，在一瞬间打动了他。他在心里觉得，无论如何不能把一个对自己好的人当俘虏抓回去，甚至要了他的命。

其实这个德国兵不知不觉地受到了心理学上"互惠原理"的左右。这种得到对方的恩惠，就一定要报答的心理，就是"互惠原理"，这是人类社会中根深蒂固的一个行为准则。

一位心理学教授做过一个小实验：他在一群素不相识的人中随机抽样，给挑选出来的人寄去了圣诞卡片。虽然他也估计会有一些回音，但却没有想到大部分收到卡片的人，都给他回了一张。而其实他们都不认识他啊！

给他回赠卡片的人，根本就没有想到过打听一下这个陌生的教授到底是谁。他们收到卡片，自动就回赠了一张。也许他们想，可能自己忘了这个教授是谁了，或者这个教授有什么原因才给自己寄卡片。不管怎样，自己不能欠人家的情，给人家回寄一张，总是没有错的。

这个实验虽小，却证明了互惠原理的作用。互惠是人类社会永恒的法则，它是各种交易和交往得以存在的基础。互惠原理认为，我们应该尽量以相同的方式回报他人为我们所做的一切。

及时地回报，可以表明自己是知恩图报的人，有利于相互之间继续交往。而且如果不及时回报，会给你带来一些麻烦。你一直欠着这个人情，如果对方突然有一件事反过来求你，而你又觉得不太好办的话，就很难拒绝了。

当然，在关系很亲密的朋友之间，就不一定要马上回报，那样可能反而显得生疏。但也不等于不回报，只是时间可能拖得长一些，或有了机会再回报。

朋友间维护友谊遵循着互惠原理，爱情之间也是如此。其实世上没有绝对无私奉献的爱情，不像歌里和诗里表现的那样。爱情也是讲求互惠互利的，双方需要保持一个利益的平衡。如果平衡被严重打破，就可能导致关系破裂。

人与人之间的互动，就像坐跷跷板一样，要高低交替。一个永远不肯吃亏、不肯让步的人，即使真正得到好处，也是暂时的，迟早要被别人讨厌和疏远。

巧用"进门槛"效应：先提小要求再提大要求

曾有社会心理学家做过一个经典而又有趣的实验，他们派了两个大学生去访问加州郊区的家庭主妇。

实验过程是这样的：首先，其中一个大学生先登门拜访了一组家庭主妇，请求她们帮一个小忙——在一个呼吁安全驾驶的请愿书上签名。这是一个社会公益事件，每年死在车轮底下的人不知道有多少！不就是签个字吗，太容易了。于是绝大部分家庭主妇都很合作地在请愿书上签了名，只有少数人以"我很忙"为借口拒绝了这个要求。在两周之后，另一个大学生再次挨家挨户地去访问那些家庭主妇。不过，这次他除了拜访第一个大学生拜访过的家庭主妇之外，还拜访了另外一组家庭主妇。与上一次的任务不同，这个大学生访问时还背着呼吁安全驾驶的大招牌，请求家庭主妇们在两周内把它竖立在她们各自的院子的草坪上。可是，这是个又大又笨的招牌，与周围的环境很不协调。按照一般的经验，这个有点过分的要求很可能被这些家庭主妇拒绝。毕竟，这个大学生与她们素昧平生，要求她们帮这么大的忙，真的有些难为她们。实验结果是：第二组家庭主妇中，只有17%的人接受了该项要求。但是，第一组家庭主妇中，则有55%的人接受了这项要求，远远超过第二组。

对此，心理学家的解释是，人们都希望给别人留下前后一致的好印象。为了保证这种印象的一致性，人们有时会做一些理智上难以解释的事情。在上面的实验中，答应了第一个请求的家庭主妇表现出了乐于合作的特点。当她们面对第二个更大的请求时，为了保持自己在他人眼中乐于助人的形象，她们只能同意在自家院子里竖一块粗笨难看的招牌。

这个实验告诉我们，一个人一旦接受了他人的一个小要求之后，如果他人在此基础上再提出一个更高一点的要求，那么这个人就倾向于接受更高的要求。这样逐步提高要求，就可以有效地达到预期的目的。心理学家把这种对别人提出一个大要求之前，先提出一个别人很容易接受的小要求，从而使别人对进一步的较大的要求更容易接受的现象称为"进门槛效应"。

为什么会发生"进门槛效应"呢？当你对别人提出一个貌似"微不足道"的要求时，对方往往很难拒绝，否则似乎显得"不近人情"。而一旦接受了这个要求，就仿佛跨进了一道心理上的门槛，很难有抽身后退的可能。因此当再次向他们提出一个更高要求时，这个要求就和前一个要求有了顺承关系，让这些人容易顺理成章地接受。在这种情况下，比乍一上来就提出比较高的要求，更容易被人接受。

日常生活中有许多利用"进门槛效应"的例子。比如一个推销员，当他可以敲开门，跟顾客进行交谈时，其实他已经取得了一个小小的成功。在这种情况下，如果他能够说服顾客买一件小东西的话，那么他再提出进一步的要求，就很可能被满足。为什么呢？因为那位顾客之前答应了一个要求，为了前后保持一致，他的确会有较大可能性接受进一步的要求。男士在追求自己心仪的女孩时，也并不是"一步到位"提出要与对方共度一生的，而是逐渐通过看电影、吃饭、游玩等小要求来逐步达到目的的。

巧用别人的同情心，眼泪是一种"致命武器"

大多数人都具有同情心，即使铁石心肠的人也不例外。同情能够加强别人对你的理解，因此求人办事时不妨利用一下别人的同情心。

在很多时候，用感情打动别人，激起别人的同情心，比一味地讲大道理更有效果。一位遭人欺凌的受害者在向某领导告状时十分冲动，口出狂言秽语，使得这位领导很是反感。因而，问题迟迟不予解决。后来，此人绝望了，痛苦不堪，几欲轻生，反倒引起了这位领导的同情与重视。

当然，这并不是说，凡告状者都要摆出一副可怜的样子。而是说，告状者在请求解决问题时，应该激起听者的同情心，使听者首先从感情上与你接近，产生共鸣，这就为问题的解决打下了基础。人心都是肉长的，只要你将受害的情况和内心的痛苦如实地说出来，处理者都是会同情的。

同情心可以促进处理者对受害人的理解，但这并不等于说马上就会下定处理的决心。因为处理者要考虑多方面的情况，有时会处于犹豫之中，甚至会抱着多一事不如少一事的态度，不想过问。这时候，当事人就得努力激发处理者的责任感，要使处理者知道，这是在他职责范围以内的事，他有责任处理此事，而且能够处理好此事。

当你向别人讲述自己的遭遇时，不妨用你凄怆的眼泪来博得对方的同情，让对方的感情之水随着你的感情一起波动，这样就会促使对方伸出援助之手，帮助你把事情办成。

人都是感情型动物。只要你能博得其同情，你所求的目的就容易达到。在办事的时候，如果必要，完全可以以眼泪开道，相信成功的概率会大大增加。

扮可怜、博同情的例子在中国古代历史上也有，我们来看下面的案例：

汉元帝时，宦官石显被封为中书令，朝政大小事务都由他裁决。石显为人邪僻，也时刻担心有一天皇帝听到周围的人说他坏话而对他不利，于是想方设法向皇帝表示他的忠心，加深皇帝对自己的信任。

一次，石显被派往各宫办点事。他觉得这是一个检验他周围的人对他态度如何的大好时机，于是向皇帝奏请说，他担心事情办完之后时间太晚，未央宫宫门被关闭而进不来，请求皇上下诏给门卫，让他们给他留门。皇帝当即给各宫门卫下达了口谕。石显则故意拖延时间，在各宫都尽量逗留，直到半夜才回来，让门卫给他开门而进了后宫。

后来，果然有人上书告发石显矫托旁诏擅自开启宫门。皇帝看后，笑着把那封揭发信给石显看。石显流着泪，做出特别无辜的样子说："陛下明鉴。您非常信任我，经常让我去各宫里办些事情。于是有许多人不免嫉妒我，总要抓住一切机会陷害我。这样的揭发信不会只有一封，以后可能还会有。对于这种捕风捉影的话，只有靠圣明的皇上您洞察了。微臣出身寒微，确实不能以区区一身让大家都满意，不能经受住天下之怨。我愿意辞去现在的官职，接受后宫洒扫除垢的差遣，以表明我对陛下的忠诚之心，死而无所恨，只希望陛下能相信我。"元帝认为他语出实情，被他感动了、蒙蔽了，于是相信了他。不仅不让他辞官，反而多次慰劳勉励，让他好好干，并给他比以往更多的赏赐。石显更加荣耀起来。

石显扮可怜，博得元帝的同情，得到更多的赏赐，可谓"卖乖得便宜"。生活中，这种扮可怜的例子还不少。小孩显得痛苦、无助，让大人答应要求；乞丐总是衣衫褴褛讨得施舍；连老板开除员工也爱摆摆困难，倒倒苦水，减轻对方的不满。

通过"我错了"，让他人心悦诚服地接受你的批评

法国著名作家拉罗什富科曾说过："没有什么人比那些不能容忍别人错误的人更经常犯错误了。"确实，我们在生活中，总会发现周围的人犯这样或那样的错误。于是，如何做到批评但又不伤害他人，成了与人交往中很重要的一门学问。

也许你会说："批评还不容易，直接告诉他'你错了'或'你某些地方做得不对'，很简单嘛。"然而，我们都知道，人是有自尊的，很少有人不会主动地去维护自己的意见和看法。因此，几乎没有谁在听见"你错了"三个字时，内心仍能非常平静。大家往往会为来自他人的批评指责闷闷不乐，冲动的人甚至可能当即暴跳如雷、反唇相讥。

千万不要小看"你错了"直截了当的三个字，在人际交往中，破坏力最强的莫过于这三个字了。它通常不会造成任何好的效果，只会带来一场不快、一场争吵，甚至会使朋友变成对手，使情人变成怨偶。在我们肆无忌惮地用它指责别人的错误时，几乎意识不到，这样做是会给别人的心中留下疤痕的。

从人性角度来说，做错事的人只会责怪别人，而不会责怪自己——我们都是如此。这不是肚量的问题，而是人性的问题。只有极少数人能够克服人性的弱点而使肚量大到能接受批评的程度。

　　那么，想批评别人的时候，我们采用什么方式好呢？被誉为20世纪最伟大的成功学大师戴尔·卡耐基曾指出，想对他人表达"你错了"的批评意图，不妨先承认"我错了"，这对疏通关系和解决问题更有好处。

　　有一位著名的作家用主动认错的方式赢得了读者的尊重。在长达二十年社会纪实体裁小说写作之后，他尝试着变换风格，推出了一部悬疑推理类新作，这让许多读者无法接受。一名愤怒的读者甚至写信给他，言辞非常激烈，指责他根本不该转型。其中很多语句有失偏颇，看得出这位读者对小说艺术的理解并不深入。但这位作家并没有恼羞成怒，而是非常认真地写了一封回信。在信中，他只字不提这位读者的不礼貌和认识上的浅薄，只是很诚恳地承认自己并不适合悬疑推理题材的写作。他很感谢读者的意见，希望以后能够经常互相交流看法。

　　这个故事让我们深刻体味到："你错了"会为你树立新的敌人，"我错了"却可能帮你赢得新的朋友。可以想象，那名激动的读者看到回信后，一定会为自己的粗鲁无礼，为作家的谦逊大度心生惭愧。在一个胸襟宽广、能够认识自己的错误、敢于向别人承认错误的人面前，任何问题都将迎刃而解，任何矛盾都将烟消云散。

　　现实往往就是如此，当我们说对方错了时，他的反应常让我们头疼，而当我们承认自己也许错了时，就绝不会有这样的麻烦。这样做，不但会避免所有的争执，而且可以使对方跟你一样的宽宏大度，承认他也可能弄错了。

　　指出对方错误时，他也许并不明白你是为了贬低他、抬高你自己，还是为了他好？因此，你应该尽量让他明白批评他是你的好意。讲话时态度一定要谦和诚恳，用语不能激烈，否则对方就会以为你在教训他；也不必过于委婉，否则他会认为你惺惺作态。

此外，指正别人还要选择适当的场合和时机。原则上讲，要在对方情绪比较稳定时，指出他的不足之处。人在情绪不正常时，可能什么也听不进去。最好避开第三者，以一对一的方式进行，以免让他产生当众出丑的感觉。在大庭广众下指出别人的错误，除了会为自己多树立一个敌人外，别无益处。

借助权威效应，引导对方的态度和行为

权威效应，又称为权威暗示效应，是指一个人要是地位高、有威信、受人敬重，那他所说的话及所做的事就容易引起别人重视，并让他们相信其正确性，即"人微言轻，人贵言重"。

每个人对身边的人或对社会都有一定的影响力，但影响力的大小各有不同。一般来说，权威人物容易对他人产生更大的影响。假如你的眼睛不适，到医院就诊。如果其他条件相同，有一位眼科专家和一位刚从医学院毕业的年轻大夫供你选择，你会选择哪个呢？相信你一定会选择专家。这些都说明，权威人物对我们的影响力要超出常人。

为什么有这种权威效应的存在呢？首先是由于人们有"安全心理"，即人们总认为权威人物往往是正确的楷模，服从他们会使自己具备安全感，增加不会出错的"保险系数"；其次是由于人们有"赞许心理"，即人们总认为权威人物的要求往往和社会规范相一致，按照权威人物的要求去做，会得到各方面的赞许和奖励。

　　被权威效应所引导，一个非常明显的例子就是美国的汽车。在美国，汽车是一种尤其能引起人们兴趣的地位标志。根据美国进行的一项调查发现，拥有名车的人更能受到人们的尊重。而实验也证明，绿灯亮起来的时候，人们往往会根据停在前面的车是名车还是普通车型来确定是否以按喇叭的方式进行催促。如果是名车，排在后面的人往往愿意等得久一些，而如果是普通车，他们就会很快不耐烦了。坐在名车里面的人就一定是有地位的人吗？当然是未必，但是他的车是名车，所以在别人的眼里，他这个人的地位自然就被提升了。

　　另外一个例子就是牙膏广告。当追问看过广告的受众，广告中有哪些人物的时候，普遍都提到了医生。不错，医生的身份就是用来影响受众的，广告利用的就是人们对医生的专业性和权威性的认同。但是问题在于，广告中并没有明确告诉你穿白大褂的就是医生，这是营销中对权威效应的绝妙应用，是基于对人们心理的深刻把握。

　　在企业中，领导也可利用"权威效应"去引导和改变下属的工作态度以及行为，这往往比命令的效果更好。因此，一个优秀的领导肯定是企业的权威，或者为企业培养了一个权威，然后利用权威暗示效应进行领导。当然，要树立权威就必须要先对权威有一个全面深层的理解，这样才能正确地树立权威，才能让权威保持得更加长久。

　　在生活中我们可以引入权威效应，引导对方的态度和行为。如果有人跟你的看法有冲突，你可以找到一个权威人物曾经说过的话或做过的事作为论据。相信，这个人就会认同你的。

配合对方的精神状态，沟通效率倍增

要想建立与对方的亲善关系，配合对方的精神状态也是很重要的。要做到这一点，你必须能够注意到那个人的情绪状态和精力值。

在我们周围，有这样一类人，他们在午饭之前情绪都会有点低。他们早上到办公室和同事打过招呼后，就会一直坐在椅子上，浑身散发着"不要打扰我"的气息。直到午饭时间，他们才会真正地睁开眼睛，情绪也才会好转。这并不是表示他们的工作状态不太好，而是说他们需要更长的时间才会展开社交活动。一般人的情绪状态都会处于不断的变化之中，但这类人就像慵懒的猫一样，情绪只会处于一种慵懒状态中，而且很少会表现出快节奏的肢体语言。

也许你正精力充沛、兴致勃勃，但是你的工作计划需要得到一个昏昏欲睡、性格内向的同事的支持与合作。这时候，你最好稍稍放慢脚步，不能一开始就试着让你们两个人都充满热情。如果你大叫一声，重重地拍一下同事的后背，把他吓得够呛，而且害得他把咖啡都洒了出来，那么你肯定会在要求与他合作时遭到拒绝。相反，如果你是那种行动迟缓、处处谨小慎微的人，而你恰好又需要与那些精力充沛、行动果断的人合作，那么你就必须想办法点燃自己的激情，否则很可能激怒你的合作者。

有生理学家指出，每 90 至 120 分钟，我们的身体会经历一个从精力充沛到精力衰竭的周期。在精力衰竭的时期，我们会觉得注意力分散、坐立不安、打瞌睡和感到饥饿。这个时候，我们的身体会需要一段时间来恢复。如果你恰恰在对方进入精力衰竭时，和对方说话或者求对方办事，那么你碰壁的可能性会大大提高。

你要记住，有时候你被对方拒绝，并不是因为你的创意不够好，而是因为你的情绪状态和精力值与对方不匹配。所以，如果知道对方在午饭过后更容易接受意见时，就要把会谈约在午饭后，尽量调整自己，使自己配合对方的感受，这样沟通的效率也会大大提高。

激起心理共鸣，让他感觉像是在帮助自己

伽利略年轻时就立下雄心壮志，要在科学研究方面有所成就，他希望得到父亲的支持和帮助。

一天，他对父亲说："爸爸，我想问您一件事，是什么促成了您同母亲的婚事？"

"我看上她了。"父亲不假思索地答道。

伽利略又问："那您有没有娶过别的女人？"

"没有，孩子。家里的人要我娶一位富有的女士，可我只钟情于你的母亲，她从前可是一位风姿绰约的姑娘。"

伽利略说："您说得一点也没错，她现在依然风韵犹存。您不曾娶过别的女人，因为您爱的是她。您知道，我现在也面临着同样的处境。除了科学以外，我不可能选择别的职业，我对它的爱有如对一位美貌女子的倾慕。"

父亲说："像倾慕女子那样？你怎么会这样说呢？"

伽利略说："一点也没错，亲爱的爸爸，我已经 18 岁了。别的学生，哪怕是最穷的学生，都已想到自己的婚事，可是我从没想过那方面的事，以后也不会。因为我只愿与科学为伴。"伽利略

继续说，"亲爱的爸爸，您有才干，但没有力量，而我却能兼而有之。为什么您不能帮助我实现自己的愿望呢？我一定会成为一位杰出的学者，获得教授身份。我能够以此为生，而且比别人生活得更好。"

说到这，父亲为难地说："可我没有钱供你上学。"

接着伽利略又说："爸爸，您听我说，很多穷学生都可以领取奖学金，这钱是公爵宫廷给的。我为什么不能去领一份奖学金呢？您在佛罗伦萨有那么多朋友，您和他们的交情都不错，他们一定会尽力帮忙的。他们只需去问一问公爵的老师奥斯蒂罗·利希就行了，他了解我，知道我的能力……"

父亲被说动了："嗯，你说得有理，这是个好主意。"

伽利略抓住父亲的手，激动地说："我求求您，爸爸，求您想个法子，尽力而为。我向您表示感激之情的唯一方式，就是……就是保证成为一个伟大的科学家……"

伽利略最终说动了父亲，他实现了自己的理想，成为一位闻名遐迩的科学家。伽利略争取父亲的认可和帮助，采用的就是"心理共鸣"的方法。这种方法一般可分为以下4个阶段：

1. 导入阶段

先顾左右而言他，以对方当时的心情来体会现在的心情。例如，伽利略先请父亲回忆和母亲恋爱时的情形，引起了父亲的兴趣。

2. 转接阶段

伽利略巧妙地通过这句话把话题转到自己身上："我现在也面临着同样的处境。"

3. 正题阶段

提出自己的建议和想法。伽利略提出"我只愿与科学为伴"，这也正是他要说服父亲的主题。

4. 结束阶段

明确提出要求。为了使对方容易接受，还可以指出对方这样做的好处。伽利略正是这样做的，他说："……为什么您不能帮助我实现自己的愿望呢？我一定会成为一位杰出的学者，获得教授身份。我能够以此为生，而且比别人生活得更好。"

正是巧妙运用了"心理共鸣"的方法，伽利略终于达到了自己的目的，为最终实现自己的理想奠定了基础。在日常生活中，我们也不妨试着用这种方法求助别人，往往会带来让你满意的结果。

制造"共同的敌人"，引起同仇敌忾

在生活中，应坦诚待人，不可钩心斗角。但是，有的时候，还是需要讲究一些策略。比如，要争取某人的支持，就可以把双方的共同点扩大，找到共同的利益，树立共同的敌人，使对方与自己"同仇敌忾"。这种方法在要维护自己的合法、合理权益，而自己又势单力薄时是有效也有必要的。

春秋时期，吴国和越国是敌国，经常交战。一天，十几个吴人和越人碰巧同乘了一艘渡船，但都互不搭理。

不料，船到江心时，天色骤变、狂风顿起、暴雨如注，巨浪汹涌而来，渡船剧烈地颠簸着，吴国的两个孩子吓得哇哇大哭，越国的一个老太太跌倒在船舱里。老艄公一面竭力掌好船舵，一面让大家速进船舱。另外两名年轻的船工，马上奔向桅杆解绳索，想把篷帆解下来，可一时又解不开。如果不赶快解开绳索，把帆降下来，船有可能会翻掉。

在这个千钧一发之际，乘客们都争先恐后地冲向桅杆去解绳索，此时也不分谁是吴人谁是越人了。他们那么默契，配合得就像左右手。

过了一会儿，渡船上的篷帆终于被降下来了，船颠簸得也不那么厉害了。老艄公望着风雨同舟、共渡危难的人们，叹道："吴越两国如果能永远和睦相处，该有多好啊！"这个故事讲的就是《孙子兵法》中"吴越同舟"这个成语的来历。

这种心理真的很微妙，心理学家曾做过一个实验来加以证明：

3个人为一组做简单的"撞球游戏"，谁最后被淘汰，谁就是获胜者。显然，这3个人分别构成了敌对关系。结果显示，如果在比赛中，有一个人遥遥领先，那么其他两个人就会联合起来，共同阻挠领先者得分。

了解了人们所普遍存在的这种心理，善加利用，就有可能解除对立者之间的警戒状态，让对方与自己达成一致，获得共赢。例如，具有同等竞争力的中小企业，彼此间难免存在矛盾，进而产生纠纷，甚至会演变到水火不容的地步。这时，如让对方意识到，如果继续敌对下去，会让其他公司坐享渔翁之利。这样，对方就会产生一种危机感，不敢再"自相残杀"，让共同的敌人获益。而原先的那种敌对情绪也就大大减弱了，彼此间的关系也就更加和谐，从而"化敌为友"，积极解决问题，尽可能实现共赢。

其实，"共同的敌人"也未必真的存在。有些时候，可以故意制造一个"假想敌"，甚至可以演"双簧"，一个扮"白脸"，一个扮"红脸"。当然，这必须配合得天衣无缝，否则会弄巧成拙，使对方产生反感。

此外，还有一种情况："共同的敌人"是存在的，但是又不知道具体是哪一个。在这种情况下，仍需要双方的通力合作。例如，在全球的软饮料市场上，可口可乐和百事可乐是前两强，没有哪个品牌能够挤进去。这就在于可口可乐和百事可乐这两个"夙敌"的默契配合，他们看不到具体的"共同的敌人"，但是他们在激烈的市场竞争中存在着无数的敌人。所以，无论两个"夙敌"如何激烈地竞争，都不靠打"价格战"来挤兑对方，只要防住第三方，他们的市场份额就可以继续维持了，利润也就得到了保证。

第九章

心理博弈，

用暗示法抢占制高点

用暗示性语言让他精神振作

有些病人往往因自己的疾病好转缓慢而灰心。这时，探视者如果能抓住病人在治疗过程中出现的某些症状缓解的依据，适时予以积极的暗示，将会消除病人的悲观心理，使其鼓起希望的风帆，积极配合治疗。有一个患黄疸型肝炎的病人通过一段时间的住院治疗，总以为自己的病没有好转，产生了悲观情绪，丧失了治疗信心。这时，一个亲戚前来探视，遂暗示说："你的脸色比以前好多了，听医生说，你的黄疸指数已有所下降，这说明你的病情在好转！"这句暗示性语言，客观实在，使病人的精神倏然振作。于是，他乐观地接受治疗，加快了康复进程，不久便病愈出院了。

探望住院治疗的亲友时，应该多说些有利病人振奋精神、增强信心、促进疾病治疗和恢复健康的语言。倘若面对病情较重而丧失治疗信心的亲友，你说："哎呀，你病得不轻啊，看你瘦成这般模样了。"这无疑会使病人的情绪"雪上加霜"，结果不言而喻。

在探望病人时，我们使用的更多的是安慰、鼓励、劝说性的话。在说这些话时，也可以运用让他精神振作的暗示性语言。

1. 运用安慰性语言时，可以代表他人暗示病人

探视者对患病的亲友病痛的安慰是沁人心脾的。安慰性语言的力量比任何时候都显得重要，但如果运用暗示性的安慰，效果

会更明显。例如，有个初患胆囊疾病的患者，因为疾病发作时疼痛难忍，加之一时未得到确诊而心里恐慌，大喊大叫。这时，患者的一个同事闻讯前来探望，并安慰说："请你冷静一下，医生正准备给你做 B 超检查。你放心，这个部位不会有大病，我的一个亲戚和你有过相似病症，一查才知道不过是胆囊炎，容易治疗。"一席安慰话，似乎是一剂灵丹妙药，患者的情绪很快稳定了下来。

2. 运用鼓励性语言时，可用病人本身的优势进行暗示

当某些患者对自己疾病的治疗丧失信心时，若适时地给予真诚和符合客观事实的鼓励，就能在患者身上产生"起死回生"的作用。有一个年轻的建筑工人在高空作业时不慎摔伤，处于昏迷状态。患者在医院里苏醒后，觉得下肢不听使唤，遂怀疑自己将终身残疾，萌生了轻生念头。患者的一个友人发现这一苗头后及时鼓励说："你年轻力壮，生理机能强，新陈代谢旺盛，只要积极配合治疗，日后加强锻炼，肯定不会残废，这是医生说的，请你相信我！"短短几句鼓励话，使患者抛却了轻生念头，增强了治疗信心。以后的日子，患者不但积极配合治疗，而且坚强地投入到生理机能的恢复锻炼中，数月后即伤愈出院。后来他跟友人说："要不是你适时给予我鼓励，我是无论如何也不会对恢复健康抱有信心的。"

3. 运用劝说性语言时，借助实际情况进行暗示

一些患者在治疗过程中，往往会因为手术的疼痛或怀疑有危险而产生恐慌心理，进而拒绝治疗。面对患者的这一心理障碍，人们去医院探望时，应该积极做些说服工作。尤其是一些颇具现身说法的劝说性语言，说服力更强，效果最好。有一个年老的胃癌早期患者，因为害怕剖开腹腔而拒绝手术。其家属虽一再劝说，

都不奏效。一个做过胃切除手术的老朋友前来探视，他通过自己的亲身经历劝慰道："你看我做了手术后恢复得多好。你还是早期，手术后更容易复原。所以，你不用害怕。"通过朋友的劝说，这个患者终于接受了手术。

意味深长的暗示是最好的批评

在日常生活中，我们常常会用到批评这种手段，但我们有些人批评起人来简直让人无地自容，下不了台阶。其实，这种批评方式不但无法达到让他人改正错误的目的，而且有碍于你的人际关系，严重时甚至会毁掉一个人。既然如此，为何还要使用这种"残酷"的手段呢？在生活和工作中，我们不可能没有批评，但要学会巧妙地批评，让他人既意识到自己的错误，同时也理解你善意批评的意图，使他内心里对你心存感激。批评最好的方式就是进行暗示。

间接指出别人的错误，要比直接说出口来得温和，且不会引起别人的强烈反感。那些对直接的批评会非常愤怒的人，间接地让他们去面对自己的错误，会有非常神奇的效果。

宋朝知益州的张咏，听说寇准当上了宰相，对其部下说："寇公奇才，惜学术不足尔。"这句话一语中的。张咏与寇准是多年的至交，他很想找个机会劝老朋友多读些书。

恰巧时隔不久，寇准因事来到陕西，刚刚卸任的张咏也从成都来到这里。老友相会，格外高兴。临分手时，寇准问张咏："何以教准？"张咏对此早有所考虑，正想趁机劝寇公多读书。可是又一琢磨，寇准已是堂堂宰相，居一人之下，万人之上，怎么好直截了当地说他没学问呢？张咏略微沉吟了一下，慢条斯理地说了一句："《汉书·霍光金日磾传》不可不读。"回到相府，寇准赶紧找出《汉书·霍光金日磾传》，从头仔细阅读，当他读到"光不学无术，阇于大理"时，恍然大悟，自言自语地说："此张公谓我矣！"是啊，当年霍光任过大司马、大将军要职，地位相当于宋朝的宰相。他辅佐汉朝立有大功，但是居功自傲，不好学习，不明事理，这与寇准有某些相似之处。因而寇准读了《汉书·霍光金日磾传》，很快明白了张咏的用意。

张咏与寇准过去是至交，但如今寇准位居宰相，直接批评效果不一定好，而且传出去还会影响寇公的形象；批评太轻了，又不易引起其思想上的变动。在这种情况下，张咏的一句赠言"《汉书·霍光金日磾传》不可不读"，可以说是绝妙的。别看这仅仅是一句话，其实它能胜过千言万语。"不学无术"，这是常人难以接受的批评，更何况是当朝宰相，而张咏通过教读《汉书·霍光金日磾传》这个委婉的方式，就使寇准愉快地接受了自己的建议。正所谓："借它书上言，传我心中事。"

有一次，几个属鼠的男同学在期中考试中考了满分，挺得意，有点飘飘然。他们的班主任发现了，就对他们说："怎么，得意了？你们知道得意意味着什么吗？请注意今天下午的班会。"那几个男学生猜想：糟了！在下午的班会上，等待他们的准是狂风暴雨！可奇怪的是，在班会上，班主任的批评却妙趣横生。他说："树林子要是大了，就什么鸟儿都有；自然，天下大了，就什么老鼠都有。我就听说过这么一个故事。有只小老鼠外出旅游，恰好两个孩子在下兽棋，小老鼠就悄悄地看。它发现了一个秘密，那就是，尽管兽棋中的老鼠可以被猫吃掉，被狼吃掉，被虎吃掉，却可以战胜大象。于是立刻认定，我才是真正的百兽之王呢！这么一想，小老鼠就得意起来了，从此瞧不起猫，看不起狗，甚至拿狼开心。有一天，它还大摇大摆地爬到老虎的背上，恰好老虎正在打瞌睡，懒得动，就抖了抖身子。小老鼠于是更加得意，它还趁着黑夜钻进了大象的鼻子。大象觉得鼻子痒痒，就打了个喷嚏，小老鼠立刻像出膛炮弹似的飞了出去。就这么飞呀飞呀飞，好半天，才'扑通'一声掉在臭水坑里！好，现在就请大家注意一下，'臭'字的写法，怎么写的呢？'自''大'再加一点就是'臭'。有趣的是，今年正好是鼠年，咱们班有不少属鼠的同学，那么，这些'小老鼠'们会不会也掉到臭水坑里呢？我想不会，但必须有一个条件，这就是永不骄傲！"说到这儿，这位班主任还特意看了看那几个男同学，那几个男同学当然明白，老师的批评全包含在那个有趣的故事中了！他们挺感激，很快改正了自己的缺点。

用积极的心理暗示劝慰他人

当我们的朋友遭遇不幸时，我们的反应往往不够得体。我们总是说出他们不愿意听的话，令他们难过，他们需要我们时，我们却不在他们身边；或者，就是和他们见了面，我们也故意回避那个敏感的话题。既然我们并非存心对他们无礼或冷漠，那么，为什么我们会在其实愿意帮忙的时候有那样的表现呢？

我们大多数人都有过这样的经验，就是无意中说错了一句话，巴不得能把它收回。我们怎样才能在某个人处于困难时对他说出适当的话呢？虽然没有严格的准则，但有些办法可使我们衡量情况和做出得体而真诚的反应。

1. 留意对方的感受，不要以自己为中心

当你去探访一个遭遇不幸的人时，你要记得你到那里去是为了支持他和帮助他。你要留意对方的感受，而不要只顾自己的感受。

不要以朋友的不幸际遇为借口，而把你自己的类似经历拉扯出来。要是你只是说："我是过来人，我明白你的心情。"那当然没有什么关系。但是你不能说："我母亲去世后，我有一个星期吃不下东西。"每个人的悲伤方式并不相同，所以你不能硬要一个不像你那样公开表露情绪的人感到内疚。

2. 尽量静心倾听，接受他的感受

丧失了亲人的人需要哀悼，需要经过悲伤的各个阶段和说出他们的感受和回忆。这样的人谈得越多，越能产生疗效。要顺着你朋友的意愿行事，不要设法去逗他开心。只要静心倾听，接受他的感受，并表示了解他的心情。有些在悲痛中的人不愿意多说话，你也得尊重他的这种态度。一个正在接受化学治疗的人说，她最感激一个朋友的关怀。那个朋友每天给她打一次电话，每次谈话都不超过一分钟，只是让她知道他惦记着她，但是并不坚持要她报告病情。

3. 说话要切合实际，但是要尽可能表示乐观

泰莉·福林马奥尼是麻州综合医院的护理临床医生，曾给几百个艾滋病患者提供咨询服务。据她说，许多人对得了绝症的人都不知道说什么才好。

他们说些"别担心，过不了多久就会好的"之类的话，明知这些话并不真实，而病人自己也知道。

"你到医院去探病时，说话要切合实际，但是要尽可能表示乐观。"福林马奥尼说，"例如'你觉得怎样'和'有什么我可以帮忙的吗'，这些永远都是得体的话。要让病人知道你关心他，知道有需要时你愿意帮忙。不要害怕和他接触，拍拍他的手或是搂他

一下，可能比说话更有安慰作用。"

4. 主动提供具体的援助

一个伤恸的人，可能对日常生活的细节感到不胜负荷。你可以自告奋勇，向他表示愿意替他跑腿，帮他完成一项工作，或是替他送接学钢琴的孩子。"我摔断背骨时，觉得生活完全不在我掌握之中。"一位有个小女孩的离婚妇人琼恩说，"后来我的邻居们轮流替我开车，使我能够放松下来。"

5. 要有足够的耐心

丧失亲人的悲痛在深度上和时间上各不相同，有的往往持续几年。"我丈夫死后，"一位老人说，"儿女们老是说：'虽然你和爸爸的感情一直很好，可是现在爸爸已经过去了，你得继续活下去才好。'我不愿别人那样对待我，好像把我视作摔跤后擦伤了膝盖而不愿起身似的。我知道我得继续活下去，而最后我的确活下去了。但是，我得依照我自己的方法去做，悲伤是不能够匆匆而过的。"

在另一方面，要是一个朋友的悲伤似乎异常深切或者历时长久，你要让他知道你在关心他。你可以对他说："我能理解你的日子一定不好过。但我觉得你不应该独立应付这种困难，让我帮你好吗？"

巧妙地运用心理暗示，来达到自己的目的

大家应该记得，在 2001 年春节联欢晚会上，赵本山、范伟等人表演的小品《卖拐》令人捧腹大笑。其寓意主要是讽刺那些坑人的奸商，而最让人啼笑皆非的是范伟饰演的那位买拐者。他在卖拐者逐步的心理暗示下，产生错觉，认为自己的腿有毛病，最后买下了那副拐。

其实，这一看起来不可思议的现象，都是心理暗示在起作用。与《卖拐》的例子相似，心理暗示现象在我们的日常生活中非常普遍，而且每天都在不同程度地影响着我们的生活。下面，我们来看看哈佛大学一堂非常有趣的心理课。

哈佛大学心理系的一堂课上，教授向同学们介绍了一位来宾——"比尔博士"。教授告诉大家："比尔博士是世界闻名的化学家，今天来这里是要做一个实验。"然后，比尔博士从皮包中拿出一个装着液体的玻璃瓶，告诉大家："这是我正在研究的一种物质，它的挥发性很强。当我拔出瓶塞，它马上就会挥发出来。但它完全无害，气味很小。当你们闻到气味时，请立刻举手示意。"

说完，比尔博士拿出一个秒表，并拔出瓶塞。一会儿工夫，只见学生们从第一排到最后一排都依次举起了手。"好，同学们，实验到这里就结束了。"教授告诉学生，"但是，我不得不告诉你们的是，'比尔博士'只是我们学校的一位老师化装的，而那个瓶子里装的物质只不过是蒸馏水"。听了教授的话，哈佛大学的学子们一个个面面相觑。刚才实验的时候，自己明明是闻到了一种气味啊，这是怎么回事呢？

看到学生们一个个满脸疑惑的样子，教授告诉他们："这是因为你们刚才受到了'比尔博士'的暗示。他暗示瓶子里装的是一种他正在研究的物质，气味很小，所以你们就相信了，并且似乎闻到了那种特殊物质的气味。"

事实上，那些学生并没有闻到什么气味，只是受了心理暗示作用的影响，而误认为自己闻到了那种特殊物质的气味。

暗示是一把双刃剑，它的作用可以是积极的，也可以是消极的。积极的心理暗示能给我们带来有益的帮助。比如，一名运动员的成绩已经非常接近世界纪录了，这时候，他的教练在旁边轻轻地对他说："你能行，你一定能得第一！"正是这一暗示，激发了他全部的潜能，使他在比赛中真的得了第一。

与此相反，消极的心理暗示则会给人带来极大的危害。例如，有些人生病时喜欢先进行网络搜索，自己对症自我诊断。殊不知，有些所谓的"症状"，不过是某些不良广告商，通过对网民进行消极心理暗示以取得利益的手段。还有前面讲述的那个被活活吓死的囚犯，这些都是消极心理暗示而导致的不良后果。

所以，在与他人交际、相处的过程中，我们如果能巧妙地运用好心理暗示这一法宝，对实现自己的目的将大有裨益。而且，洞穿了这一神秘的"心理力量"，在与他人接触的过程中，我们也可以更理智地控制自己。

看透但不点透：事情说得太白会伤和气

人非圣贤，有时难免会做一些不适当的事。在这种情况下，就要把握好指责他人的分寸，即使看破别人的心思也不要去点破。

在人际交往中，有的事不必弄得太明白，只要大家心知肚明就可以了。俗话说：看透别说透。事情说得太白，反而会伤和气，或显得太无聊。懂得此道理，在交际中自然游刃有余。

相反，那些事事追究到底，口无遮拦地说出心中所想的人，在很多时候往往会破坏原本融洽或是可能融洽的气氛。

在一次会议上，张教授遇见了一位文艺评论家。互通姓名后，张教授对这位文艺评论家说："久仰久仰，早就知道您对星宿很有研究，是位大名鼎鼎的天文学家。"评论家半天没有反应过来，以为是张教授搞错了，忙说："张教授，您可真会开玩笑，我是搞文艺评论的，并不研究什么天文现象。您是不是弄错了。"张教授正言答道："我怎么是跟您开玩笑呢。在您发表的文章里，我时常看到您不断发现了什么'舞台新星''歌坛之星''文坛明星'等众多的星宿，想来您一定是个非凡的天文学家。"弄得这位评论家尴尬不已，什么也没说，坐了一会儿就走了。

为人处世，虽需练就一双"火眼金睛"，同时也要看准说话时机，这样才能万无一失。像故事中的张教授自以为自己看得挺明白，于是就对人大加指责；说话时不考虑对方的感受，在处理事情时得到的结果也自然不同了。

谁都会有出错的时候，如果只是一味地泄私愤、横加批评、讲刺话，总是数落对方"你怎么这么笨""你怎么总是这样""你这样做太不应该了"等，是不太妥当的。

因此，当某人行事真有问题时，在他内心有时会反省，觉得抱歉、恐慌、不知所措，此时如果你再批评指责他，那么他会因为你的谴责而羞愧难过，有的甚至从此一蹶不振，无法再树立自信。如果换种语气，换个方式，比如，"从今以后，你会做得比这次好"，或者"我想，下次你一定不会再犯这样的错误了"等诸如此类的话，对方不仅会感激你对他的信任，同时会感受到你的真诚，更重要的是有了改正错误的信心，在今后的工作、生活中，必定小心谨慎。

用不经意的话暗示别人

在日常交际中，当需要批评或提醒他人而又不便直接向他提出时，便可考虑使用侧面暗示法，从而达到启示、提醒、劝阻、教育他人的目的。

会说话的人知道哪些话可以说，哪些话不可以说。他们懂得用委婉含蓄的话语不经意地暗示别人，在坚持自己原则的同时又不会令对方太过难堪。

有一次，小王家里来了客人，聊了几个小时后，这位客人还无意离去。

小王因还有其他事情要做，屡次暗示客人，但是那位客人却"执迷不悟"。小王无奈之中心生一计，对他说："我家的菊花开得正旺，我们到园子里去看看？"

客人欣然而起，于是小王陪他到花园里观赏菊花。看完后，小王趁机说："还去坐坐吗？"

客人看看天色，恍然大悟地说："不了，不了，我该回家了，要不就错过了末班车了。"

小王没有直接说明自己有其他事情要做而是用不经意的话暗示对方，不仅没有让对方感到尴尬，而且也达到了自己的目的。

一天，几位青年人去拜访某教授。不知不觉已谈到深夜，教授接着其中一位青年人的话题说："你提的这个问题很值得研究，明天我去 A 城参加一个学术会，准备就这个问题找几位专家一块儿聊聊。"听完教授的话，几位青年立刻起身告辞："很抱歉，不知道您明天还要出差，耽误您休息了。"

如果遇上了一位不知情的客人，你让他走也不是，不走也不是，这可是件很让人尴尬的事情。这时，你不妨采取一些巧妙的暗示。诸如看看钟表，或者随意地问他忙否，然后再告诉他你最近都很忙。一般地，稍微敏感点的客人肯定就会起身告辞，但若是"执迷不悟"的客人于此无动于衷，我们就可以巧妙地转移一下地点，像小王那样用一下"调虎离山"之计，这样既维护了彼此的情感，又不至于耽误自己的事情，可谓两全其美。

在一家高级餐馆里，有一位顾客把餐巾系在脖子上，这是很不礼貌的行为。于是，经理叫来了一个女服务员说："你要让这位绅士懂得，在我们的餐馆里，那样做是不允许的，但话要说得尽量委婉些。"女服务员来到那位顾客的桌旁，很有礼貌地问："先生，您是刮胡子，还是理发？"话音一落，顾客立即意识到自己的失礼，赶快取下了餐巾。

这位聪明的女服务员没有直接指出客人有失体统之处，却拐弯抹角地问两件与餐馆毫不相干的事—刮胡子和理发，表面上看来似乎是女服务员问错了，而实际上她通过这种风马牛不相及的事情来提醒这位顾客，不仅使顾客意识到自己失礼之处，又做到了礼貌待客，不伤害顾客的自尊。

言谈中给对方信心，轻松化解双方矛盾

不对争执双方做人格上的评价，而强调双方在性格、能力等方面的差异性，在客观上起到褒贬的效果，从而化解争执。人们在吵架的时候，经常为了谁对谁错、谁好谁坏而争执不休，此时直接的褒贬至少会引起一方的不满，甚至伤害其自尊心。因此，劝架者在对一方进行劝解时应该避重就轻，不对双方道德上的孰优孰劣做出判断，而是强调二者在个性、能力上的差异，适当地"褒一方，贬一方"，可使被褒的一方心里得到满足并放弃争执，而又不伤害被贬的一方，使劝解成功。

小陈和小杨是某学校新来的年轻教师。小陈心细，考虑事情周到；小杨性情有些鲁莽，但业务能力较强。一次，两个年轻人发生了争执，小陈说不过小杨，感觉很委屈，跑到校长处诉苦。

校长拍拍小陈肩膀说："小陈啊，你脾气好，办事周到，这个大家都清楚，也都很欣赏；可是小杨天生是个躁性子，牛脾气一上来什么都忘了，等脾气过去了就天下太平。你是一个细心人，懂得从团结同事、搞好工作的角度看待问题，你怎么能跟他那暴性子一般见识呢？"一番话说得小陈脸红了起来。

这是一个强调双方差异来解决纠纷的典型例子。校长没有直接批评小杨，而是反复强调小陈脾气好、小杨性格暴躁，这实际上是通过比较两人截然不同的性格来肯定小陈待人办事的方法是正确的，小陈领悟到校长的意思，自然也不会再跟小杨计较。

此外，在褒一方、贬一方时，作为调解纠纷的第三人应记住以下几点，以免褒贬不当而引起当事人的反感，让事情变得更糟。

1. 忌激化矛盾

很多调解纠纷的第三者在"褒一方，贬一方"时，由于方法不当而加剧矛盾，这主要是因为：第一是强化了当事人本来就不该有的消极情绪，从而火上浇油，扩大了事态；第二是"惹火烧身"。因方法不当，激怒了当事人，使当事人把全部的不满和怨恨情绪都转移到了第三者身上，第三者成了他的对立面和"出气筒"。

2. 忌急于求成

人们常说，善弈棋者，每每举一而反三。做别人的思想工作好比下棋，也要珍视这"三步棋"的做法，要耐心细致，再三斟酌。如果条件不具备就急于求成，不瞻前顾后，总想一劳永逸，其结果往往是事倍功半，成效甚微，甚至把矛盾激化。

3. 忌高高在上

要克服高高在上，最主要的是应该增强普通人的意识，以普通人的姿态出现在人们面前，彻底改变那种高高在上、唯我独尊、主观武断的作风和指手画脚、发号施令的作风。

还必须注意坚持实事求是的态度，慎用套话，加强对语言表达能力的培养。

4.忌空洞说教

要避免空洞说教，尤其要从道理上使人信服，思想观点要明确，语言要朴实新颖。三个方面都要下功夫。

5.忌反常批评

必须努力克服以下几种不正确的批评方式：

批而不评式，阿谀奉承式，隔靴搔痒式，褒贬对半式。

以上几种不正确的批评方式，均属于调解纠纷的"败笔"。要想使调解达到转变对方态度、修正对方错误的目的，就应该正确运用批评的武器，切忌简单化和庸俗化。

6.忌不分场合

如果不分场合，信口开河，不管人前人后，指名道姓地对人进行说服，效果往往不佳，搞不好还会出现与当事人的良好动机截然相反的结果。

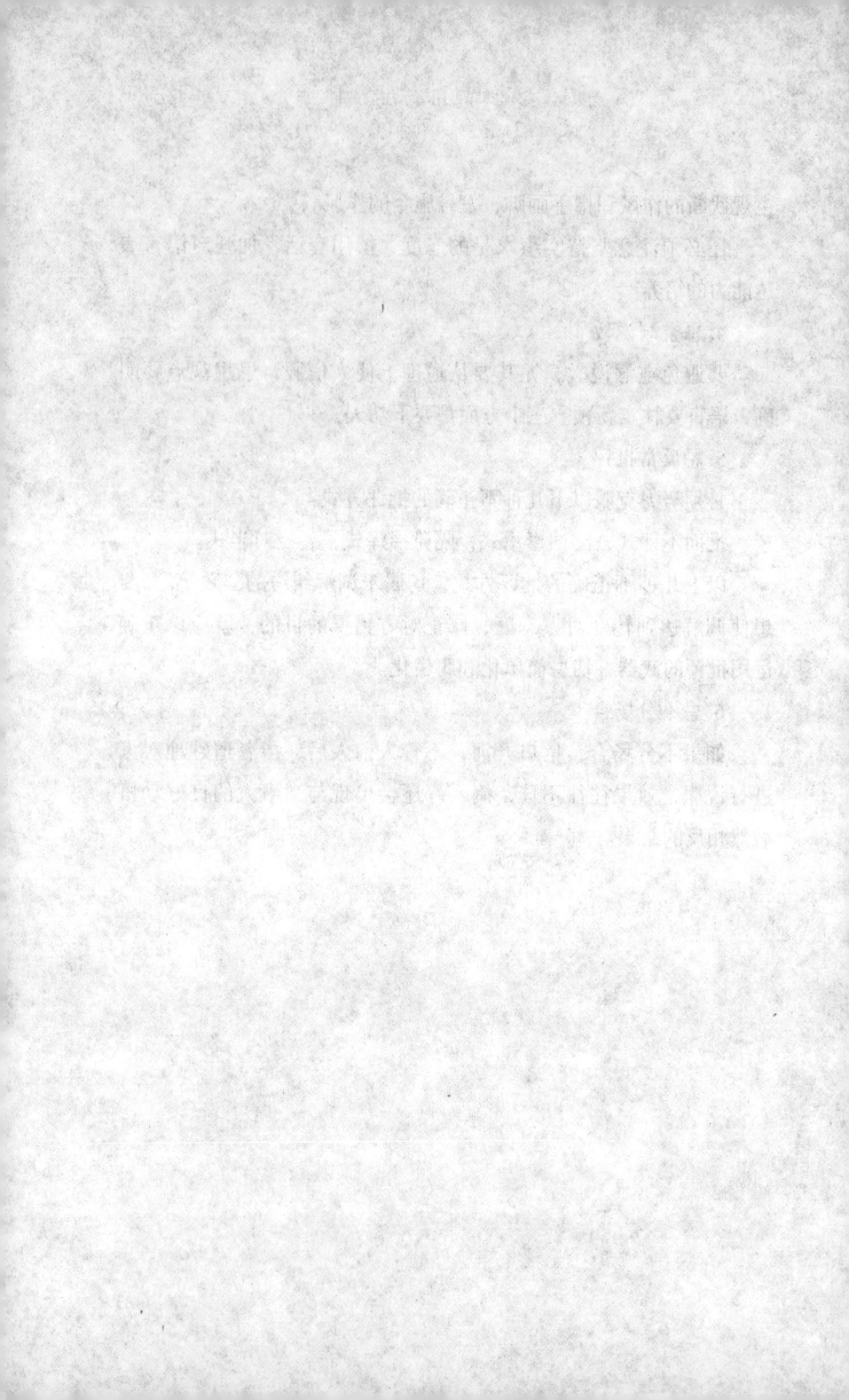